로또 숫자의 비밀

뿌브아르

로또
숫자의
비밀

초판 1쇄 발행 2014년 9월 20일

상상자 노성호

펴낸이 노성호

펴낸곳 주식회사 뿌브아르

디자인 김홍경

교열 및 감수 김병동

인쇄 현문자현 www.hyunmun.com

디자인 자료 셔터스탁닷컴(shutterstock.com)

출판등록 2008년 12월 16일 제 302-2008-00051호

주소 서울 중구 동호로 15길 8 201호(리오베빌딩)

전화 (02) 774-2545

팩스 (02) 774-2544

가격 2만원

ISBN 978-89-94569-30-7 03300

이 도서의 국립중앙도서관 출판예정도서목록(CIP)은
서지정보유통지원시스템 홈페이지(seoji.nl.go.kr)와
국가자료공동목록시스템(www.nl.go.kr/kolisnet)에서
이용할 수 있습니다.(CIP제어번호: CIP2014025584)

Lotto & Secret

1000만 서민의 '애잔한 경제활동' 로또에 대한 이해

'로또'는 참 서민적인 단어다.

한국에서는 1000만 명의 서민이 매주 600억원에 가까운 돈을 로또 구매에 사용한다. 전 세계를 대상으로 하면 약 5억명 이상이 로또를 즐기는 것으로 보인다.

'로또'는 화제를 부르는 단어다. 주말이면 한국 포털사이트의 실시간 검색어를 지배하는 단어다. 토요일 오후 9시부터 화요일 오전까지 무려 63시간 동안 대부분 포털사이트에서 '로또'라는 단어는 실시간 검색어 10위 안에 오른다. 가끔 '숫자 조작'이라는 말이 나올 정도로 예민한 반응을 부르기도 한다.

———

주말~주초 63시간을 지배하는 단어 '로또'

'로또'는 현실적으로는 극단에 존재하는 단어이기도 하다. 가장 핫한 단어이지만 의외로 서점에는 관련된 책이 없다. 한국은 출판 규모로 세계 10위권의 출판 강국에 속한다. 2014년에 내놓은 종수만 6만1548종으로 매일 168권꼴로 새로운 책이 쏟아져 나왔다. 그런데도 로또와 관련된 책은 거의 없었다.

물론 영어로 된 책은 꽤 있다. 아마존에 가면 상당수 로또와 관련된 책이 존재한다. 그런데 이상하게 한글로 된 로또 책은 별로 나와 있지가 않다.

로또와 관련된 책이 없는 이유는 뭘까?

이 책의 기획은 이 같은 의문에서 출발했다. 사회·경제학적 측면에서도 로또와 관련된 서적이 없는 이유는 불분명하다. 무려 1000만명의 서민이 매일 로또를 구매한다. 일주일에 600억원, 1년이면 약 3조원의 시장이다. 세계적으로는 대략 200조원의 시장을 형성하고 있다. 그런데도 관련 서적은 거의 없다.

물론 로또 번호를 제공하는 사이트와 비즈니스는 존재한다. 이 또한 이상하긴 하다. 이들 사이트에 들어가면 나름대로 '비법'이 있다고 자랑한다. 그런데 정말 이상한 건 그런 비법이 있다면 책으로 내 널리 알리면서 비즈니스를 하는 게 맞다. 일부러 광고나 마케팅 차원에서 책을 앞세우기도 한다. 할리우드 영화도 그렇고, 심지어 해외의 특별한 비즈니스 모델이 한국에 진출할 때도 관련된 책을 먼저 내놓고 붐을 일으키는 방식을 쓴다.

그런데 이상하게 한국의 서점에 가면 로또 관련 책은 보이지 않는다.

———

1000원짜리 로또, 알고 즐기자

따라서 이 책은 로또를 구매하는 '소박한 경제행위'를 하는 1000만 서민들에게 로또에 관해 정확한 지식과 정보를 알리기 위해 기획됐다.

로또는 1개 조합에 투자하는데 1000원에 불과하다. 사람에 따라서는 '과자 한 봉지 값도 안 되는 작은 돈으로 하는 경제 행위에 대해서까지 소상히 공부할 필요가 있을까' 하고 생각하는 사람도 분명 있다.

더구나 한국의 지식인뿐만 아니라 세계의 지식인들도 로또에 대한 관심은 거의 없다. 이들이 관심이 없다는 건 그만큼 책으로 쓸 만큼의 내용이 없다는 뜻도 된다.

이 글을 쓰는 8월 중순 한국에서는 '세계 수학자 대회'가 열리고 있었다. 그러나 수학자 대회에서도 '로또'란 단어는 전혀 나오지 않는다. 로또는 확률게임이지만 수학자들이 관심을 기울일만한 분야가 아니기 때문이다. 수학자 입장에서 보면 로또는 확률이 정해져 있는 게임이기 때문에 이에 관한 연구나, 더욱이 책을 낸다는 건 시간낭비일 뿐이다.

전문가나 지식인들의 관심이 결여된 이런 분야는 결국 기자 출신의 작가가 책을 내는 경우가 많았다.

따라서 이 책은 로또에 관심 있는 한국의 1000만 서민들에게 도움을 주고자 한다.

로또가 무엇인지, 확률이란 무엇인지, 로또의 당첨 확률을 높이는 방법은 왜 없는지, 수학자와 경제학자들은 왜 로또에 대해 연구하지 않는지 등 다양한 궁금증을 풀어 주는 내용을 담았다.

한 가지 덧붙이면 개인의 호기심으로서 '확률이 있는 랜덤', 즉 '로또처럼 한정된 세계의 움직임 속에는 우주나 지구의 질서를 닮은 어떤 패턴이 숨어 있지 않을까' 하는 생각을 하고 있다. 이 책에서는 이 점에 대해서도 다양한 상상력을 동원하여 접근해 봤다.

2014년 8월25일

————

엮은이 **노성호**

contents

01
로또란
무엇인가?

로또
숫자의
비밀

01
로또란 무엇인가

확률 속에 '패턴'이
숨어 있을까?

로또는 확률 게임이다. 기본적으로 한국 로또는 814만5060분의 1의 당첨 확률을 갖는다. 이는 45개의 숫자 가운데에서 6개를 맞혀야 하는 1, 2등 모두 마찬가지다. 5개 숫자를 맞혀야 하는 3등이 돼야 비로소 당첨 확률은 122만1759분의 1로 쑥 높아진다.

그러나 이 세상에는 로또의 당첨 확률을 높일 수 있는 비법이 있을 것으로 믿는 사람도 더러 있다.

바로 로또를 이해하기 위해 알아야 하는 4개 단어에 대한 정확한 이해와 연관성을 알지 못하기 때문이다.

로또를 이해하기 위해 꼭 알아 둬야 할 단어는 '확률', '랜덤', '통계', '수학' 등 4개다.

확률(절대 변하지 않는 수학적 결론 = 조합의 수)

확률(確率, Probability)은 '어떤 일(사건)이 일어날 수 있는 가능성을 수로 나타낸 것'이다. 한국 로또를 예로 들면 1부터 45까지의 숫자에서 6개의 숫자를 선택하는 게임이다. 이 가운데 선택된 6개의 숫자는 1개 조합뿐이다. 이 조합과 같은 숫자를 선택하면 1등이 된다. 수학적으로 확률을 계산하면 이 가능성은 814만5060분의 1이 된다.

로또에서 확률은 절대 변하지 않는다. 왜냐하면 '확률은 곧 조합의 수'이기 때문이다. 1 등이 될 확률은 곧 814만5060가지의 조합에서 1개를 선택하는 것이다. 이는 게임의 법칙이 '45개 가운데 6개 선택'으로 존재하는 한 절대 바뀔 수 없다.

심지어 어떤 사람이 획기적인 방법으로 로또의 당첨번호에 근접하는 방법을 알아냈다고 하자. 그래도 확률은 불변이다. 왜냐하면 확률은 조합의 수인데 어떤 사람이 기막힌 방법을 개발했어도 조합의 수는 바뀌지 않기 때문이다. 다만 그 사람은 숫자의 방향과 크기 정도를 예측했을 뿐이다.

다시 말하지만 수학에서 나온 확률의 답은 변하지 않는다.

———

랜덤(확률 속 랜덤은 정해진 공간 내의 움직임)

로또와 관련된 말 가운데 가장 흔한 것은 "로또게임은 랜덤(Random)이다"라는 한마디다. 랜덤을 우리말로 '무작위'라고 하니 로또에는 숫자가 질서나 규칙이 없이 무작위로 등장한다는 얘기다.

랜덤에 대한 이해는 로또에서 매우 중요한 포인트가 된다.

로또 숫자가 등장하는 사건을 랜덤으로 보면 로또는 매우 간단한 게임이 된다.

인간의 자유 의지가 개입될 여지가 전혀 없기 때문이다. 물론 사람에 따라서는 '꿈에 본 숫자'나 '선호하는 숫자'를 선택하는 자유 의지를 발휘할 수도 있다. 하지만 그렇다고 해서 814만5060가지 조합의 수가 줄어드는 건 아니다. 즉 수학적 확률은 전혀 변화가 없고, 다만 사람이 숫자를 고르는 방법을 달리 선택한 것일 뿐이다.

그러나 '확률 속 랜덤'을 떠올리면 얘기가 달라질 수 있다.

확률이란 정해져 있다는 얘기고, 수학에서 말하는 크기가 정해져 있다는 얘기는 '계산할 수 있거나 보인다'와 같은 얘기다.

실제로 주사위 1개를 던져서 '1'이란 숫자가 나올 확률은 6분의 1이다. 인간의 두뇌로 충분히 계산이 가능하다. 그러나 주사위 개수가 늘어나 11개를 던진다거나 15개를 던져 이들의 숫자 합이 30이 나올 확률 또는 조합의 수라면 계산이 복잡해진다.

'확률 속 랜덤'은 정해진 범위 내에서의 움직임이다.

아직은 인간의 두뇌가 감당할 범위가 어디까지인지 밝혀진 게 없지만 아무리 랜덤이라고 해도 크기와 길이가 정해져 있는 시공간, 즉 유한한 세계에서의 움직임은 큰 틀에서 보면 어떤 패턴이 존재할지 모를 일이다.

———

통계(통계에는 패턴이 숨어 있다)

통계(統計, Statistics)는 사실상 로또와 관련해 확률보다 더 중요한 단어다. 통계는 '어떤 내용을 기준에 따라 숫자나 그래프로 나타낸 것'을 말한다.

로또에서 수학적 확률은 절대 건드릴 수 없다. 그러나 통계를 이용하면 로또게임에서 전략과 방향을 잡을 수 있게 된다. 예들 들어 통계로 뽑아낸 '자주 나오는 숫자'(핫넘버)나 '최근 나오지 않은 숫자'(콜드넘버) 등으로 이미 사람에 따라서는 로또 숫자를 고르는 데 이 통계를 선택의 기준으로 삼고 있다.

즉 로또에서 전략적으로 이용할 수 있는 부분이 바로 통계가 된다.

여기에는 빅데이터를 이용하거나 자신이 밤에 꾸는 꿈의 빈도에서 통계적 수치를 뽑든 아무 상관이 없다. 통계적 접근을 할 수 있다면 로또게임에서 전략을 세우고 방향을 정

하는 데서 지표로 삼을 수 있기 때문이다.

역시 변하지 않는 건 통계를 아무리 잘 활용해도 당첨 확률이 달라지지 않는다는 사실이다. 조합의 숫자가 줄어든 게 아니기 때문이다. 다만 통계를 활용하면 방향을 정하거나 수준을 정해 자신이 선택할 조합의 폭을 줄여서 숫자를 고르는 전략을 세울 수 있게 될 뿐이다.

전문가에 따라서는 로또게임은 통계조차도 무의미하다고 주장한다.

어차피 수학적 확률이 줄어든 게 아니라면 통계가 아니라 어떤 획기적인 방법을 써도 당첨 확률은 '무작위 자동선택'이나 마찬가지인데 시간을 낭비할 필요가 없다는 것이다.

이 말도 결코 틀린 말은 아니다. 그러나 사소한 로또지만 '베팅의 대상'으로 본다면 통계는 매우 중요한 포인트가 된다.

수학(우주와 지구의 질서를 패턴화한 것)

현재 인류는 앞에서 나온 단어 3가지, 즉 '확률, 랜덤, 통계'에 관한 모든 사고와 계산을 숫자를 통해 한다. 이 점이 매우 중요하다.

수학을 이용한 통계의 등장으로 로또게임에서 수학적 확률을 줄일 수는 없지만 전략적인 접근은 가능해졌다. 또한 로또처럼 정해진 틀 안에서 일어난 사건의 경우 통계가 나름대로 패턴(추세)을 보이고 있어서 랜덤에 대한 의심을 할 수 있게 됐다. 즉 '확률이 있는 랜덤'은 정해진 구조, 즉 유한한 세계 속에서 움직인다. '유한한 세계'는 인간의 시각으로 보면 랜덤일 수 있지만 멀리 우주의 시각으로 보면 패턴이 숨어 있을지 모른다.

이런 접근을 할 수 있게 된 건 바로 수학이 존재하기 때문이다.

쉬운 예로 로또는 1부터 45까지 이뤄진 수에서 6개를 선택한다. 숫자가 존재하기 때문에 6개의 합이라는 통계치도 만들 수 있고, 가장 많은 조합이 어떤 수인지도 알 수 있게 됐다.

그런데 만일 로또게임의 단위가 수가 아니고 동물 이름이라고 해 보자.

45개의 동물 이름 가운데에서 6개의 동물 이름을 고른다고 하면 확률, 즉 나타날 조합의 수는 814만5060으로 1부터 45까지 숫자로 계산한 것과 다를 바 없다.

중요한 건 동물 이름에는 수학의 기초인 순서나 크기가 없다. 따라서 통계를 구할 수가 없게 된다. 컴퓨터를 동원하여 조합의 수를 구할 수는 있지만 어떤 조합이 가장 많이 등장하는지 계산하기에는 매우 복잡하게 된다. 물론 사람이 임의로 '돼지1', '사슴2'로 숫자를 붙이게 되면 통계를 구할 수 있게 되겠지만 게임의 룰을 아예 숫자를 배제하고 동물 이름으로만 만들어 버린다면 우리는 통계라는 훌륭한 접근 방법을 놓치게 된다.

이 얘기는 수학은 바로 우주와 지구의 질서 및 법칙을 인간에게 알기 쉽게 제공하는 역할을 하고 있다는 것이다. 즉 우주와 지구의 질서를 사고할 수 있도록 패턴으로 바꾼 것이 바로 수학이다.

따라서 상상력을 더 발휘한다면 수학으로 표현하는 로또게임에는 우리가 아직 잘 모르는 통계 이상의 패턴이 숨어 있지 않은지를 생각해 볼 수 있다.

대화를 해 보면 사람들은 로또에 관해 잘 알지 못하고 있다. 막연한 확률과 기초적인 통계만으로 희미하게 알 뿐이다. 여기에 '랜덤'이란 단어가 가져다 준 임팩트는 크다. 랜덤은 접근 불가능한 것이고 생각하는 것조차 쓸모없는 짓이라고 판단한다.

그러나 뒤에서 나오듯 통계 속에 '정규분포'라는 패턴이 숨어 있는 것처럼 로또 숫자의 비밀 속에는 아직 우리가 알지 못하는 그 무엇이 있을지도 모를 일이다.

종교 · 인종 초월한
5억 인류의 '사회 현상'

한국인 1000만명이 즐기는 검색어 1위 상품

구약성서를 보면 신은 사람을 만들었다. 그리고 인간은 6일간 일하고 하루 쉬게 되었다. 그래서 일요일이 생겼지만 현재 인류는 토요일까지 포함하여 일주일에 이틀을 쉰다.

그런데 신과의 약속을 지키기 위함인지 수많은 인류는 지금도 일요일을 제외하고 토요일까지 정신줄을 놓지 않는다. 왜냐하면 토요일에는 '로또 추첨'이 있기 때문이다.

사실 월요일부터 토요일까지 인류는 로또에 매달려 있다.

월요일에 추첨하는 상품이 드물긴 하지만 그래도 토요일까지 매일 지구상에서는 로또 숫자가 발표되고, 거기에 탄식하고 환호를 지르는 일이 매주 반

■ 2014년 상반기 세계 로또시장 현황

상품 수	215개(미국 101개)
매주 당첨금	평균 7억5000만달러
시장 규모	최소 160조원
로또 인구	최소 5억명

※ 당첨금은 주요 82개 로또 대상, 케노(keno)로또 19개 제외. 자료는 더로터닷컴, 스마트럭닷컴 참조.

복되고 있다. 1등 당첨자만도 매주 수백 명이 탄생한다.

토요일에 한 번만 추첨하는 한국의 경우 토요일 오후 9시부터 3일 뒤인 화요일 오전까지 각종 포털사이트의 '검색어 10위'권 안에 들어 있는 단어가 바로 '로또 당첨번호'다.

이순신 장군의 위대함을 화면에 담은 영화 '명량'이 상영된지 10여 일만에 관객 수 1000만 명을 돌파했다고 하지만 한국에서는 지금도 매주 1000만 명이 로또방에 가서 로또를 산다. 한마디로 대단한 사회 현상이 됐다고 해도 과언이 아니다.

―

세계 인구 5억명 이상이 즐기는 문화현상

어쩌면 로또는 세상에서 가장 보편적인 상품인지도 모른다. 매주 5억명의 인류가 관심을 쏟는 단어이며, 열광하는 사건으로 자리 잡았기 때문이다.

세계 종교 인구에 관한 통계를 보면 천주교를 포함한 기독교가 약 21억명, 이슬람이 13억명, 힌두교가 9억명, 불교가 4억~5억명 정도로 알려져 있다. 비율로 보면 아직은 천주교와 기독교가 30%로 가장 많지만 문제는 지역별로 분포도가 다르다는 점이다. 유럽과 미국은 주로 기독교를 믿고 중동 지역은 이슬람, 동양은 불교, 인도는 힌두교가 각각 널리 퍼져 있는 지역의 구별이 존재한다.

이런 면에서 로또는 5억의 인류가 즐기는 가장 민주적인 상품이다.

지구상 어느 지역에서나 인류는 인종과 종교와 남녀 차별 없이 로또를 즐긴다. 다만 아직 지식인들까지 즐기지는 않는다는 특징이 있긴 하다.

5억명이라는 수치는 어떻게 나왔을까?

인구 5000만명인 한국의 경우 약 1000만명이 로또를 즐기는 것으로 나타났다. 20%

라는 이 비율을 로또가 활성화된 중진국 이상에 적용시켜 봤다.

유럽의 인구가 5억명, 미국이 3억명, 브라질이 2억명, 멕시코와 러시아 및 일본을 합하면 약 4억명 등 14억명이란 숫자가 나온다. 여기에 20%를 대입해 보면 2억8000만명이란 숫자가 된다.

그런데 중국과 인도에도 로또가 있다.

중국의 13억명, 인도의 12억명 가운데 10%만 로또를 즐긴다 해도 2억5000만명이다.

이렇게 나온 숫자를 합해 보면 5억3000만명이 나오는데 대략 5억명으로 잡았다.

실제는 더 많을 것으로 본다. 앞에서 대량 산술한 숫자에는 호주, 캐나다, 남아공, 대만, 한국이 빠져 있는 데다 어떤 통계에는 브라질에서만 로또 인구가 8000만명이라고 하니 국가별로도 비율은 다 다르다. 따라서 5억명은 최소한이며, 실제로는 6억명 이상일 것으로 보는 편이 틀리지 않다.

지역, 인종, 성 차별 없이 열광하는 사건

로또 이외에 5억명 이상의 인류가 동일한 사건(상품)에 매일 열광하는 것으로는 축구뿐일 것이다. 그러나 축구도 종교처럼 지역에 따라서는 열광적이지 않은 곳이 있다. 인도와 미국에서는 각각 크리켓과 야구가 주인공이다.

따라서 인류의 사고와 행동을 동일하게 반응하도록 만드는 건 어쩌면 지구상에서 로또가 유일하다고 할 수 있다.

로또는 제2차 세계대전과 냉전, 인터넷시대를 지나 스마트폰 시대로 접어든 현재 유일하게 인류가 공통으로 관심을 기울이는 단어가 됐다.

자본주의의 확산과 더불어 글로벌 시대로 접어든 요즘은 더욱 '사회 현상'을 넘어 '열풍의 단계'로 접어들었다. 그리고 인류는 앞으로 더욱 로또에 열광할 수밖에 없다. 왜냐하면 고령화 사회로 들어갈수록 로또사업은 더 성장할 수밖에 없는데 인류는 현재 역사상 최고 수준의 의료 기술로 수명이 계속 길어지고 있기 때문이다.

아무튼 오늘도 누구는 '꿈'을 꾸고 누구는 '정신적 안정'을 얻는다.

인류가 로또를 사는 행위는 단순한 작은 사건에 불과하지만 크게 보면 거대한 담론의 문이 열리고 있는 중이다.

자본주의가 낳은
'희망 고문상품'

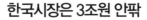

한국시장은 3조원 안팎

로또는 자본주의의 모습을 가장 잘 대변하는 상품이다. 가장 말초적으로 인간의 욕망을 자극한다. 과자 한 봉지 가격으로 큰돈을 만질 수 있다는 '일확천금의 환상'을 주는 상품이다.

한국을 비롯해 일본, 미국 등 대부분 국가의 로또 1개 조합의 가격은 1000~2000원 정도다. 스타벅스 커피 한 잔의 가격이 4000원 안팎이니 전 세계 어디에서나 커피 한 잔 값을 아끼면 로또를 즐길 수 있다는 얘기다.

그래서인지 로또는 자본주의가 내놓은 상품 가운데 가장 성공한 축에 속한다.

한국을 예로 들면 매주 약 1000만명이 로또에 참여한다. 그리고 그들이 구매한 로또의 합계는 약 550억~600억원에 이른다. 연간으로 따지면 3조원 시장이다.

단일 상품으로 3조원이면 보일러나 에어컨 시장과 맞먹는다. 두피 탈모 상품과 이러닝 시장도 3조원 규모다. 구글과 애플이 장악하고 있는 한국의 전체 앱(애플리케이션)시장도 3조원 규모에 불과하다. 야구, 축구, 농구팬들이 즐기는 스포츠토토 시장도 3조원이다. 그러나 로또는 에어컨, 스마트폰과 같은 단일 상품이지만 개당 가격은 가장 적은 1000원(한국)에 불과하다.

세계 시장 규모는 200조원 이상

한국은 로또 역사가 짧은 데다 로또와 복권을 동일시하는 경향이 높아 이미지도 좋은 편이 아니어서 시장은 작은 편에 속한다.

세계 시장 규모는 지식인들도 깜짝 놀랄 정도다. 최소한 200조원이 넘는다. 미국만 약 60조원을 자랑한다.

구매 대행 사이트인 영국 런던의 로또 사이트 더로터닷컴(thelotter.com)을 보면 매주 평균 약 7억5000만달러어치의 당첨금이 주인을 기다린다. 유로밀리언이나 이탈리아의 수페르에나 로또처럼 당첨금이 큰 상품의 당첨금이 이월될 때는 10억달러 이상으로 껑충 뛰기도 한다. 그러나 이 숫자는 각국의 주요 로또 83개만을 상대로 계산한 당첨금에 불과하다. 실제로 전 세계에서 매주 추첨되는 로또는 200종류가 넘는다. 미국에서 주별로 발행되는 로또만 따져도 101가지에 이른다.

따라서 실제로 매주 전 세계에서 터지는 당첨금은 두 배 정도 수준인 15억달러보다도 많을 것으로 추정된다. 왜냐하면 더로터닷컴에는 중국을 비롯해 한국과 인도 시장은 아예 빠져 있고, 일본의 로또 상품도 1가지만 올라와 있기 때문이다.

따라서 15억달러를 1년인 52주로 곱하면 780억 달러라는 계산이 나온다.

그런데 780억달러는 당첨금의 합일 뿐이다. 보통 당첨금은 모인 돈의 절반에 불과하므로 실제로 로또 사업에 몰리는 돈은 1560억달러 정도로 봐도 오히려 적을 것이다. 한국 돈으로 160조원 정도에 이른다.

그러나 이 수치는 순수하게 모이는 돈만 따진 것이고 여기에 예측 번호를 만들어 주는 앱과 로또숫자생성기(Random Generator), 로또 숫자 출력기, 인터넷 관련 회사, 웹 디자인 회사, 로또 관리 회사 등 로또 관련 기업들의 매출까지 포함하면 적어도 여기에 40조원 정도는 합한 200조원 정도는 될 것으로 추측된다.

매주 상금만 1조5000억원 이상 풀려

로또는 솔직히 '희망고문 상품'이다. 한국인 1000만명을 포함하여 전 세계 5억명의 인류가 매주 200~300명 탄생하는 1등 당첨자에 자신이 속했으면 하는 소망 속에서 상품을 구매한다. 1등 당첨은 180만분의 1이라는 벼락 맞을 확률보다도 5~10배 이상 어렵지만 그래도 인류는 꿈을 꾸며 로또에 열광한다.

당첨금에 욕심이 없는 사람은 없을 것이다.

지금까지 최고 당첨금은 무려 4000억원이었다. 최소 1200만달러의 1등 당첨금을 보장하는 미국의 메가밀리언 상품으로, 2007년 3월 1등 당첨자 상금의 경우 무려 3억9000만달러(약 4000억원)였다.

한국은 2003년 4월 407억원이라는 1등 당첨금이 최대였다.

한국의 1등 최소 당첨금은 약 4억원이었다. 2013년 5월18일 546회차에는 1등이 무려 30명이 나오면서 당첨금이 4억593만원에 불과했다. 30명이라는 대량의 당첨자는 특수한 경우에 속한다. 알려지기론 1군데에서 10장의 1등이 나온 것이다. 이는 한 사람이 10명분의 당첨금을 타 간 게 확실하기 때문에 실제로 당첨자 수는 21명으로 봐야 할 것이다. 지금까지 한국의 1등 당첨금 평균은 약 20억원이었다.

5억이 넘는 인류는 오늘도 로또를 산 뒤 희망을 품고 살아간다. 비록 '희망고문 상품'이지만 로또는 인류에게 정신적 기쁨을 전하는 전달자이기도 하다.

지식인들이
방치한 '복지 상품'

자료와 통계가 없는 이상한 상품

로또는 현재 방치돼 있는 분야다. 심지어 용어조차 없다. 국립국어원에 따르면 로또는 없는 단어다. 외국어 표기상 '로토'로 표기해야 맞는 단어다.

로또의 정의도 필요하다. 이 책을 쓰면서도 단어에 대한 정확한 표준이 정해지지 않아 문장을 이끌어가기가 힘들다. '로또하다'가 맞는지 '로또를 하다'라고 해야 하는지도 정확하지 않다. 따라서 통념상 사용되고 알아듣는 수준에서 정리할 수밖에 없다.

예를 들어 '로또를 하다 보면~'이라는 문장이 나오면 여기에 대한 해석을 '로또를 구매한 것까지인지, 로또를 구매하여 맞춰 본 때까지인지, 당첨금을 찾은 행위까지인지' 스스로 알아서 해석해야 한다. 한마디로 1000만명이 넘는 국민이 매주 로또를 구매하는 상황임에도 국어학자들조차 로또에 대한 정확한 해석이 부족한 게 현실이다.

자료도 많지 않다.

공식 사이트 겸 회사인 나눔로또가 있지만 단편적이라 큰 의미를 두기 어렵다. 오히려 포털인 다음에서 운영하는 다음사전이 가장 현실적으로 잘 접근했고, 정리도 잘 돼 있다. 다음의 '엔하위키미러'에서 '로또'를 쳐 보면 한국 로또에 관해서 정리가 잘 돼 있다.

그렇다면 해외 로또 정보는 어디에서 볼까?

역시 없다. 아마존이나 해외 사이트를 들춰 보면 영문으로 된 논문이나 책이 더러 있지만 그리 만족스럽지 않다. 대부분 자기 나라 시각에서 그 나라의 로또 상품에 치우친 지엽적인 시각에서 접근한 논문이나 책이 대부분이기 때문이다.

한국이나 세계나 로또와 관련되어 인터넷 상에 뜨는 건 대부분 '로또 번호 찍어 주는 회사'이거나 '로또 구매 대행 사이트'이다. 간혹 '로또 프로그램 판매' 사이트가 있긴 하다. 그러나 로또가 인류의 경제, 사회, 정신에 미치는 영향 등은 연구조차 하지 않았다. 무려 200조원이나 되는 거대 시장임에도 지구상에서 가장 홀대받고 있는 산업인 셈이다.

구매액의 40%는 복지기금으로 쓰여

방치되고 있는 이유는 '로또와 도박', '로또의 수학적 확률' 등에 대한 판단과 오해도 존재한다. 수학자들은 로또에 내재된 수학적 확률은 절대불변의 진리로 말한다. 이는 마치 1+1=2와 같은 결과물로서 더 이상 학문적인 연구는 필요가 없다.

그러나 이면에는 로또가 정부 주도 사업이란 점도 작용하고 있다.

알다시피 로또는 모인 자금의 50%를 상금으로 풀고 40%를 복지자금으로 정부가 사용한다. 나머지 10%는 사업자, 시스템업자, 판매점이 나눠 갖는다. 미국의 경우 주(州)별로 다양한 로또가 101가지 존재하는 이유는 바로 복지자금을 끌어 모으기 위함이다.

한국의 경우 1000원짜리 1개 조합을 사면 400원, 즉 40%가 복지기금으로 들어간다. 2014년 상반기까지 누적된 복지기금은 무려 7000억원이 넘는다.

미국은 남북전쟁 후 국가 초기에 알렉산더 해밀턴(Alexander Hamilton, 1757~1804년) 재무장관이 복권사업으로 재정을 늘려서 도로, 항만, 운하 등 대부분 사회 인프라에 투자한 것으로 유명하다.

이처럼 복지기금으로 활용하다 보니 전 세계에서 우후죽순으로 생긴 게 바로 로또다. 경쟁도 심해서 당첨금을 높이는 룰을 마련하는 등 인위로 주력상품을 만들기도 한다. 미국은 캘리포니아주가 중심이 되어 전체 46개 주에서 구매가 가능한 메가밀리언과 파워볼의 인기가 높다. 브라질의 메가세나, 유럽의 유로밀리언은 각각 남미와 유럽을 대표하는 로또 상품이 됐다.

———

대부분 상품은 일주일에 2~3번 추첨

아시아에서는 일본에서 일찍 시작했고, 중국도 상당한 인기를 끌고 있다.

일본은 미즈호은행에서 발행하는 3가지 로또 상품을 매주 4번에 걸쳐 추첨한다. 31개 숫자 가운데 5개를 맞히는 '미니로또'의 1등 당첨 확률은 겨우 16만분의 1에 불과하다. 그리고 43개 숫자 가운데 6개를 맞히는 '로또6'과 39개 숫자 가운데 7개를 고르는 '로또7'이 있다. 이 가운데 '로또6'의 경우는 다른 상품과 달리 일주일에 두 번 추첨한다.

중국에도 쐉써추(雙色球)라는 로또가 인기를 끌고 있다. 특이하게 화·목·일요일 세 번 추첨하며, 1등 당첨금은 우리 돈으로 10억원 안팎이다.

지구상의 로또 대부분은 일주일에 두 번 정도 추첨한다. 한국처럼 일주일에 한 번 추첨하는 로또는 주류에서 밀려났다. 자주 추첨해야 복지비용을 더 거둬들일 수 있기 때문이다.

로또는 1530년 이탈리아의 제노바 지방정부에서 처음 시작하고, 지금처럼 사람이 숫자를 고르는 방식의 로또는 1971년 미국에서 처음 등장한 것으로 알려져 있다. 스스로 숫자를 고르는 이 방식은 현재 60여 개 나라에서 그대로 사용될 정도로 인기를 끌고 있다. 한국은 광복 직전 일제강점기인 1945년 전쟁에 투입할 군비를 위해 승찰(勝札)을 발행한 뒤 1947년 런던올림픽 참가 경비 마련을 위해 발행한 게 복권 역사의 시작이다. 이후 1969년 주택복권이 나와 인기를 끌었고, 로또가 2002년 12월 7일 현재와 같은 방식으로 도입돼 10년 이상의 600여 회 역사를 자랑한다.

로또의 역사는 복권에서 시작됐다. 그리고 복권은 정부가 세금을 더 거두기 위한 방편으로 시작됐다. 결국 로또는 '복지세금의 징수'라는 공통된 주제가 존재의 이유이며, 2014년 현재도 여전히 유효하다.

다만 200조원에 이르는 거대 산업이 되었고, 매주 5억명의 인류가 열광하지만 세계적으로도 인류와 연관된 경제학·사회학적 연구 결과가 없다는 점은 반성할 필요가 있다고 본다.

서울의 야경에도
'인프라' 투자가
보인다.

자연이 던지고
인간이 맞히는
'주사위 놀이'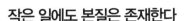

작은 일에도 본질은 존재한다

삼성이 잘하는 게 하나 있다. 어떤 사업을 할 때 '업(業)'의 개념을 고민하고 정의한다는 점이다. 그런 면에서 이병철 창업주는 대단한 인물이었음에 틀림없다.

최근 이병철 창업주가 친필로 쓴 '운,둔,근(運鈍根)'이란 액자가 경매에 나와 좋은 가격에 팔린 적이 있다. 사업에 성공하기 위해 필요한 세 가지를 쓴 내용인데 바로 '사업 성공'을 업의 개념으로 정리한 숭고한 철학이 담긴 글이다.

내용을 정리해 보면 사업에서 성공하려면 운이 와야 한다는 것이다.

사업이 성공하려면 기회를 하늘이 내려주든 자신이 만들든 때(運)가 와야만 비로소 사업이 상승세를 탈 수 있다. 우산을 만드는 공장은 아무래도 여름철이나 열대지방에서 더 잘 되지 않겠는가. 다만 경쟁자가 많을 수 있으니 이를 극복하는 기회 역시 때가 맞아야 한다.

둔(鈍)과 근(根)도 반드시 필요한 요소다.

운이 올 때까지 우둔할 정도로 기다릴 줄 알아야 하며, 기다릴 때는 힘들어도 버틸 수 있는 뿌리(根)가 있어야 하는 것이다. 여기에서 말하는 뿌리는 자금, 정신력, 마음의 위안 등을 말한다.

반드시 사업뿐만 아니라 일에 대해서도 '운둔근'의 의미는 '기회가 올 때까지 꾸준히, 열심히 자신의 일을 하라'는 얘기다.

이처럼 어떤 일을 함에 있어서 업의 개념을 고민하고 정의하는 건 중요한 일이다. 업의 개념은 결국 본질을 말하는 것이다.

로또의 본질은 무엇일까?

'겨우 로또를 가지고 무슨 본질을 따지냐?'는 사람도 있을 수 있다.

그러나 이 세상에 존재하는 어떤 사소한 사건이나 물건도 의미가 없는 건 없다. 따라서 영화 '역린'에서 나와 유명하게 된 말처럼 로또를 사는 행위에서도 '아무리 하찮은 일이라도 최선을 다하는 자세'가 필요하다. 비록 1000원짜리 과자 값도 안 되는 확률 사건이지만 이왕이면 제대로 접근해 보는 것도 나쁘지는 않다.

———

주사위 던지기 닮은 확률 불변의 게임

로또는 기본적으로 숫자를 맞히는 게임이다. 전 세계의 로또는 45개든 49개든 주어진 게임 규칙 내에서 6~7개의 숫자를 맞히면 된다. 그리고 규칙에 따라 숫자를 맞히면 1000~2000원짜리 숫자 조합은 순식간에 1억~1000억원짜리 상금으로 바뀐다.

물론 국가나 상품에 따라 세계의 로또 상품은 31~90까지의 숫자 내에서 5~7개의 숫자를 뽑고 모두가 다른 규칙을 적용받지만 1개 조합의 가격이 1000~2000원 사이인 사실은 거의 동일하다.

로또게임의 룰은 주사위 던지기 놀이와 거의 같다. 예를 들면 주사위 3개나 6개를 던지는데 바닥에 떨어진 주사위의 윗부분 숫자를 맞히는 게임이다.

현실에서 주사위는 한정된 숫자가 적힌 공이 된다. 주최자는 한정된 숫자의 공을 뽑는다. 그리고 로또 구매자는 뽑힌 공에 적힌 숫자와 자신이 미리 예측한 숫자가 얼마나 일치하느냐를 가린다.

여기에는 나올 수 있는 조합의 수는 정해져 있고, 따라서 확률도 존재한다.

고로 로또는 '주사위 던지기 확률 게임'과 같다고 할 수 있다.

자연이 던지고 인간이 맞힌다

다만 줄기에서 가지로 들어가면 작은 유의점은 있다. 주사위 게임에는 '확률'이 존재한다. '확률'이란 단어가 나오면 자연스럽게 '통계'라는 단어도 함께 등장한다.

확률과 통계는 수학 용어다. 그리고 로또게임은 철저하게 확률과 통계의 지배를 받는 게임이다. 이 점도 주사위 던지기 놀이와 같다.

한 가지 확실한 건 닫힌 세계에서 벌어지는 게임이란 점이다.

주사위 세계와 마찬가지로 로또의 세계에도 '0'과 '-(마이너스)'는 존재하지 않는다. 또한 양의 정수, 즉 자연수 가운데에서도 45개 또는 49개 등 제한된 숫자만 존재한다. 심지어 두 자리 숫자를 만드는 단수의 종류와 개수도 정해져 있다. 한국 로또에서 1은 15개, 5는 5개밖에 없다. 단수의 개수는 상품에 따라 모두 다르지만 이 또한 정해져 있다.

로또는 제한된 숫자로, 그것도 양의 숫자로만 게임을 한다는 점에서 주사위 던지기 놀이와 많이 닮아 있다.

제한된 숫자란 곧 닫힌 세계라는 말이다. 닫힌 세계에서 벌어지는 사건에는 대부분 비슷한 패턴이 발견되고 나타난다.

결국 로또의 본질은 '닫힌 세계에서 정해진 숫자로 확률 게임을 벌이는 주사위 놀이'라고 해도 틀리지 않다. 다만 주사위를 던지는 주체는 사람이 아닌 자연이고, 사람이 그 숫자를 맞힌다는 점이 다를 뿐이다.

확률과 랜덤은
건드리지 못한다?

확률 속 랜덤에는 패턴이 있다

랜덤(Random)의 사전적 의미는 '무작위'다. 어떤 질서나 방향이 없이 닥치는 대로 나타나는 걸 말한다.

사람들은 통상 랜덤이란 단어에 매우 민감하다. 랜덤이란 단어가 등장하면 '불가능하고 불가항력적인 것'으로 판단한다. 틀린 판단은 아니다. 규칙이 없는 랜덤을 읽기란 어렵다. 그러나 반드시 불가능한 건 아니다.

만일 확률과 랜덤이 함께 있다면 랜덤에도 추세, 즉 패턴이 발생할 수 있다.

확률이 존재한다는 건 결국 끝이 있다는 얘기다. 끝이 있다는 건 한계가 분명하다는 걸 의미하고, 따라서 한계란 우리 눈과 뇌로 포착이 가능해서 그 속에 존재하는 랜덤이라면 어떤 패턴이 있을 수 있다.

우리는 '2020년 7월21일 날씨'를 정확하게 알 수 없다. 그러나 그날 날씨가 더울 것이며 어쩌면 비가 올 수도 있다는 것까지는 알 수 있다. 심지어 그날의 평균온도가 분명 '2020년 2월3일 날씨'보다 높을 것이란 점도 100% 예측이 가능하다.

여기에서 말하는 날씨와 온도는 분명 랜덤의 영역에 속한다. 따라서 지금 미래의 날씨와 온도를 정확하게 맞히긴 어렵다. 그러나 우리는 여전히 2020년 7월은 여름이며, 그해 2월은 겨울이란 사실을 알고 있다. 따라서 2월과 7월을 비교하면 7월의 기온이 더 높을 것이라고 완벽하게 맞힐 수 있다.

큰 테두리로 접근하면 더 정확하게 알 수 있다.

멀리서 보면 밴드가 보인다

지구의 평균온도는 섭씨 15도 정도다. 우리는 2020년 지구의 평균온도가 섭씨 20도로 오를 것이라고 절대 생각하지 않는다. 수억년 이어온 흐름이 섭씨 15도에서 위아래로 많이 움직여 봐야 1도 안팎이란 걸 알고 있기 때문이다.

좀 더 좁혀도 2020년의 지구에도 봄, 여름, 가을, 겨울이 존재할 것이란 걸 누구나 명약관화하게 알 수 있다. 그해 여름에는 비가 올 것이고 겨울에는 눈이 내릴 것이다.

즉 한계가 있다는 건 어떤 패턴이 존재한다는 것이고, 그 패턴은 랜덤처럼 보이지만 크게 물러나서 보면 오히려 잘 보일 수도 있다는 얘기다. 멀리서 보면 위아래가 보이는 밴드(Band 박스권) 속에서 움직이니 패턴을 알 수 있지만 가까이, 즉 밴드 속으로 들어가서 보면 랜덤으로 보일 뿐이라는 얘기다.

로또게임의 본질을 자연이 주사위를 던지고 사람이 숫자를 맞히는 게임이라고 정의했다. 그리고 그 본질 속에는 불변의 확률이 존재한다고 말한 바 있다.

로또가 확률 게임이라면 결국은 확률을 높이는 방법을 찾으면 되는 것이다. 문제는 수학적으로 나온 확률을 변경시킬 수 있는 방법은 없다는 사실이다.

그렇다면 다양한 지표를 통한 전략적인 접근이 차선책이 될 수 있다.

조합의 수를 줄일 수는 없지만 한쪽을 포기하고 방향과 크기를 정해 접근한다면 근처에 가깝게 가는 건 가능하기 때문이다.

■ 세계 주요 로또의 당첨 확률 ■

방식	상품명	가짓수
5+1/31	미니로또(일본)	16만9911
7+4/35	스웨덴	672만4520
7+2/37	로또7(일본)	1029만5472
7+2/39	핀란드	1538만937
6+1/43	로또6(일본)	609만6454
6+1/45	한국, 아일랜드, 벨기에, 러시아	814만5060
6+2/45	호주	814만5060
7+2/45	호주오즈	4537만9620
6+1/49	영국, 캐나다, 홍콩, 스페인, 그리스	1398만3816
6/54	터키슈퍼	2582만7165
6+1/59	뉴욕	4505만7474
6/60	브라질 메가세나	5006만3860
6+1/90	이탈리아 수페르에날로또	6억2261만4630
5/49+(1/10)	프랑스	190만6884×10=1906만8440
5/50+(2/11)	유로메가밀리언	211만8760×55=1억1653만1800
6/42+(1/6)	스위스	524만5786×6=3147만4716
5/75+(1/15)	미국메가밀리언	1725만9390×15=2억5889만850

※ 프랑스, 유로, 스위스, 미국은 투트랙 방식 상품임.

자유 의지가 개입된
도박인가?

도박인가? 주식은 4.2%, 로또는 3%

로또에 대한 가장 큰 오해는 '로또'라는 용어가 '복권', '도박'이란 낱말과 함께 쓰인다는 점이다.

타당성이 있다. 매주 모인 600여 억원의 자금 가운데 40%는 어려운 이웃을 위한 복지를 위해 사용되지만 게임의 속성이 자금을 모아 1, 2등에게 몰아서 주는 방식이다 보니 그런 시각이 존재하는 게 사실이다.

게다가 복권의 역사를 봐도 정부가 세금을 거두기 위해 시작됐기 때문이다.

그러나 '도박'이란 단어가 제대로 쓰이려면 '판돈'과 '패가망신'이란 단어도 함께 검증해 봐야 한다. 로또를 해서 패가망신했다는 소리를 듣긴 어렵다. 한 번에 1인당 10만원 이하만 사용할 수 있도록 제한했기 때문이다. 판돈은 1개 조합에 겨우 1000원이다. 한국의 서민 1000만명은 대부분 매주 5000원짜리 1장 정도만 구매한다.

나이 든 어르신이 소일거리로 집에서 친구들과 점당 10원짜리 고스톱을 치는 것을 도박으로 보긴 어렵다. 또 모르는 사람이 끼지 않고 친구들끼리 적당한 판돈으로 포커게임을 하는 것 또한 '도박'으로 보기에는 어려운 것처럼 로또를 도박으로 보는 건 좀 과장된 시각이다.

가장 중요한 건 국민들의 인식이다.

최근 조사에 따르면 한국 국민의 사행성에 대한 인식은 카지노가 64.7%로 가장 높았고, 다음은 경마의 20%였다. 즉 카지노나 경마는 확실히 도박에 속한다고 보고 있다.

중요한 건 로또의 경우 도박으로 보는 시각이 겨우 3%밖에 나오지 않았다는 사실이다. 그냥 푼돈으로 사서 즐기는 것이지 도박이나 사행성과는 상관이 없다는 결과였다. 심지어 '주식은 사행성이 있다'라는 답변이 4.2%나 나온 것과 비교하면 로또 구매자는 주식 투자자나 증권회사 직원들보다도 이미지가 더 건전(?)한 셈이다.

———

1000원짜리 판돈과 희박한 당첨 확률

'도박'에 또 하나 연관되는 단어는 '요행(운)'이다. 그런데 운과 연관시킨다면 로또는 절대 '도박'이 아니다. 왜냐하면 로또에는 자신이 숫자를 고르는 기능이 있기 때문이다. 물론 포커나 경마도 자신이 자유 의지로 판단하고 선택한다. 자유 의지가 반드시 도박에 대한 인식을 규정하는 건 아니지만 그래도 아예 운에 맡기는 것보다는 낫다고 보는 편이 일반적이다.

여기에 판돈 규모도 다르다. 로또는 겨우 1000원짜리 상품이다. 물론 판돈 1000원의 가치는 국가별로 다르다. 아프리카의 일부 국가에서는 매우 큰 돈일 수도 있다. 그래도 많게는 수천만원을 오가는 포커나 경마와는 비교할 수 없다.

아무튼 로또는 판돈 규모나 사회 인식으로 보면 도박으로 보기에 무리가 있다.

차라리 희박한 당첨 확률을 도박과 연관시킨다면 타당성이 있다. 실제로 로또의 당첨 확률은 수학적인 정답이 정해져 있어서 구매자의 자유 의지가 전혀 필요하지 않기도 하다. 번호를 자동으로 선택하거나 자신이 선택하거나 당첨 확률은 같기 때문이다.

그렇다고 해도 로또가 인간의 자유 의지로 도전하는 가장 작은 경제 행위라는 점에 의미를 부여한다면 도박에 연결하는 건 무리라는 생각이다.

로또 숫자의 합은 정규분포 그래프를 그린다

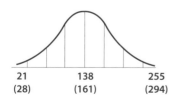

```
      21        138       255
     (28)      (161)     (294)
```

주사위 던지기 놀이는 닫힌 세계의 사건

로또의 본질을 '주사위 놀이'로 비유한 바 있다. 여기에서 질문을 해 보자. 주사위 3개를 계속 던지면 숫자는 어떻게 나타날까?

'1, 1, 1'이 나올 수도 있고 '6, 6, 6'이 나올 수도 있다. 아니면 중간인 '3, 3, 3'이나 '4, 3, 3'이 나올 수도 있다. 그러나 계속 던지게 되면 나오는 숫자는 어떻게 될까.

여기에 대한 해답은 다음의 에피소드에 숨어 있다.

잘 알려진 얘기로 1600년대를 산 갈릴레오 갈릴레이(Galileo Galilei, 1564~1642)는 당시 도박을 즐기는 친구로부터 주사위 놀이에 관한 질문을 받고 문제를 풀어 준 적이 있다.

친구는 주사위 3개를 던지는 놀이를 하다 보면 가장 많이 나오는 숫자의 합이 9 또는 10이라는 걸 알고 있었다. 그런데 느낌상 9보다 10이 나오는 횟수가 조금 더 많은 것 같다면서 실제로 그런지 갈릴레오에게 이유를 물었다. 당시 천문학자이며 수학자이자 예술가인 갈릴레오는 수학적으로 3개의 주사위를 던지면 나올 수 있는 조합의 수가 216가지이며, 그 가운데 합이 9가 나올 경우의 수는 26가지이지만 10이 나올 경우의 수는 27가지임을 증명해 주었다.

———

가운데가 볼록한 표준편차 그래프

그런데 이는 사실 확률이나 경우의 수를 모르더라도 통계의 기초만 안다면 아주 간단하게 어느 쪽 조합이 더 많이 나올지 알 수 있다.

주사위 3개를 던져서 가장 적게 나오는 숫자는 '3'(1+1+1)이 된다. 그리고 반대편, 즉 가장 높은 숫자는 '18'(6+6+6)이다.

그런데 여기에서는 조합 전체에서 가운데 조합에만 주목하면 된다. 왜냐하면 양쪽의 조합, 즉 3이나 18이 나올 조합은 1가지뿐이지만 중간 숫자대의 조합은 다양한 형태로 나타날 수 있어 조합의 수가 많기 때문이다. 따라서 주사위 던지기를 반복하다 보면 어차피 주사위 숫자의 합을 나타낸 그래프는 가운데가 종 모양이며, 좌우가 대칭인 정규분포(Normal Distribution) 모양을 이룬다. 정규분포는 통계학의 기본이자 기초에 해당된다.

따라서 주사위 3개를 던졌을 때 가장 많이 나오는 숫자는 한가운데, 즉 3+18=21을 2로 나눈 10.5가 된다. 주사위에서는 10.5라는 조합이 나올 수 없으니 여기에 가장 가까운 10이란 조합이 9보다 더 많이 나오는 건 지극히 당연한 통계학적 증명이다. 여기에서 알 수 있는 사실은 중간 값이 10.5이니까 주사위 3개의 합이 11인 경우도 10이 나오는 경우와 같은 빈도라는 사실이다. 10과 11은 빈도가 같고 9는 조금 적게 된다.

언뜻 생각하기로는 주사위 던지는 행위가 랜덤이므로 '1, 1, 1'이나 '6, 6, 6'이나 '3, 3, 3'이나 똑같은 비율로 나올 것 같지만 주사위 1개를 던지는 것이 아닌 2개 이상을 던진 결과의 합으로 판단하는 경우는 무조건 가운데가 볼록한 종 모양이 나온다.

이유는 주사위를 던지는 행위 자체가 한계가 정해져 있는 숫자 내에서 벌어지는 사건이기 때문이다.

한계가 없다면 중간이 존재하지 않겠지만 한계가 존재하기 때문에 중간 값이 있으며, 따라서 계산할 수 있는 것이다.

———

한국 로또는 번호의 합이 138에 귀결

로또 숫자도 그럴까? 당연하다. 로또 역시 주사위처럼 정해진 숫자의 한도 내에서 몇 개의 숫자를 뽑아내는 게임이다. 따라서 언뜻 보면 랜덤으로 숫자가 나타나는 것처럼 보여도 숫자의 합으로 그래프를 그리면 결국 가운데 조합의 숫자로 수렴되는 게임이다.

예들 들면 한국로또는 45개 숫자 가운데에서 6개를 고른다.

주사위 놀이와 똑같이 계산해 보면 가장 적은 숫자가 나오는 조합은 1+2+3+4+5+6=21이 된다. 반면에 가장 많은 숫자가 나오는 조합은 45+44+43+42+41+40=255가 된다. 그렇다면 가장 잦은 빈도로 나올 숫자는 21+255=276을 2로 나눈 138이 되는 것이다. 왜냐하면 합이 21과 255는 1가지 조합밖에 없지만 138을 만드는 조합은 최소한

10만 가지가 넘기 때문이다.

결국 로또게임은 매번 나오는 숫자는 다르지만 숫자를 합하면 138 부근의 숫자가 많아지는 게임이란 얘기다. 따라서 138을 꼭지로 하여 종 모양이면서 좌우로 대칭인 그래프가 나오는 것이다.

실제로 2014년 8월 610회까지 12년간의 한국 로또번호 숫자의 합은 보너스 숫자까지 포함할 경우 161이란 숫자에 99.81%나 일치하는 것으로 나타났다. 당연한 통계다.

수학이나 통계학을 잘 아는 사람들도 의외로 로또번호가 정규분포 그래프를 그린다는 걸 모르거나 인정하지 않는 사람이 꽤 많다.

주사위를 1개만 던지는 것과 2개 이상을 던지는 건 정규분포 그래프를 만들 수 있느냐 없느냐 하는 중요한 문제가 되는데 두 가지를 동일하게 생각하기 때문이다. 여기에 관심이 없거나 있더라도 보너스 숫자 등을 감안하면 복잡해 보이기 때문인 것으로 보인다.

종 모양의 대칭 그래프는 '중심이 있다'라는 패턴을 보인다.

지금까지 사람들은 로또에 대해 6, 7개의 숫자 자체에만 매달렸다. 그러니 랜덤으로 느낄 수밖에 없었다. 그러나 숫자를 합하자 정규분포 그래프가 생겼다. 비로소 패턴과 지표가 등장한 것이다.

로또게임은 닫힌 숫자의 세계에서 벌어지는 사건이어서 결국 어떤 패턴을 만들 수밖에 없다. 다만 그 패턴이 좀 큰, 예를 들면 봄·여름·가을·겨울처럼 1년의 시간이 필요로 하는 것이거나 1주일이라는 단기간에 승부가 나는 것이 아니기 때문에 그동안 일반인들의 관심 밖에 존재했다고 볼 수도 있다.

패턴이 있다고 해서 수학적인 확률이 변하지는 않지만 인간의 판단에 도움을 줄 수는 있게 된다. 숫자를 합하자. 그리고 다시 생각해 보자.

경계수로 수렴되는 호주 로또(6+2/45방식 경계수138)의 음양수합 그래프

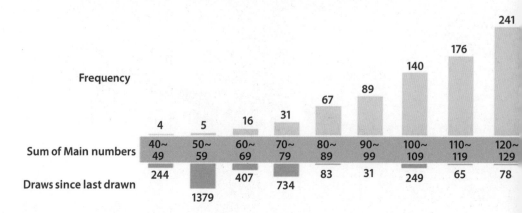

Frequency

Sum of Main numbers	40~49	50~59	60~69	70~79	80~89	90~99	100~109	110~119	120~129
Frequency	4	5	16	31	67	89	140	176	241
Draws since last drawn	244	1379	407	734	83	31	249	65	78

비슷하게 나오는 호주 로또의 숫자별 출현 빈도

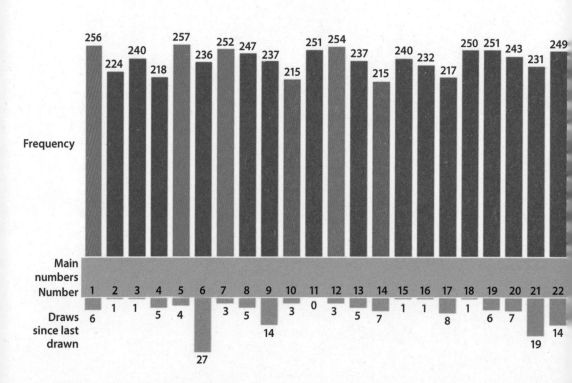

Frequency

Number	1	2	3	4	5	6	7	8	9	10	11	12	13	14	15	16	17	18	19	20	21	22
Frequency	256	224	240	218	257	236	252	247	237	215	251	254	237	215	240	232	217	250	251	243	231	249
Draws since last drawn	6	1	1	5	4	27	3	5	14	3	0	3	5	7	1	1	8	1	6	7	19	14

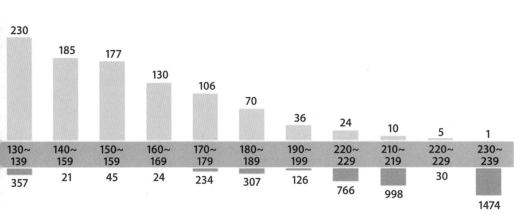

※토요일 추첨 로또 기준 경계수 산출은 보너스 번호 2개를 제외함.

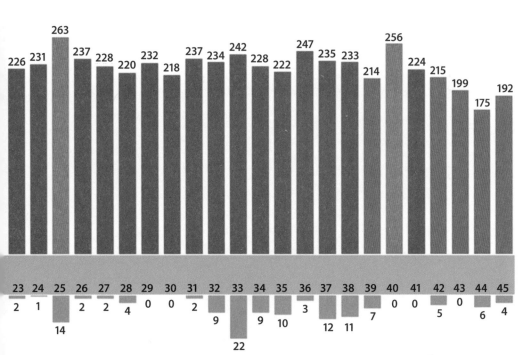

※ 자료: ozlotteries.com

확률은 진리,
'숫자 고르기'는
현실

한국 로또 1등 당첨 확률은 814만5060

확률은 수학의 세계다. 그래서 계산하기도 어렵다. 그러나 엑셀 함수를 사용하면 누구나 편하게 로또 확률을 계산할 수 있다.

=combin(45, 6)

앞의 함수는 45개의 숫자 가운데 6개를 뽑는 확률에 대한 수식이다. 한국의 로또 상품에 대한 확률로 814만5060이란 계산치가 나온다. 1등에 당첨될 확률이 814만5060분의 1이라는 것이다.

일본의 '로또7'은 숫자가 1000만이 넘어간다. 37개의 숫자 가운데 7개를 맞혀야 한다. 엑셀 함수에 '37, 7'을 넣어 결과 치를 얻어 보면 1029만5472가 나온다. 확률이 낮다 보니 일본의 로또7은 평균 2, 3회에 한 번 당첨자가 나오는 편이다.

브라질의 메가세나(mega sena)는 5000만분의 1이 넘는 확률이다. 메가세나는 60개 숫자 가운데 6개를 고른다. 확률이 무려 5006만3860분의 1이다.

이탈리아 수페르에나 로또, 1등 확률은 6억

최고의 당첨금을 자랑하는 미국의 메가밀리언은 억 단위를 넘어가는 확률로 유명하다. 75개의 숫자 가운데 5개를 선택하는 경우의 수를 계산하려면 앞의 수식에서 괄호 안의 숫자를 '75, 5'로만 바꾸면 된다. 이 경우 1725만9390이란 결과 치가 나온다. 그런데 메가 번호가 또 있다. 15개의 메가 번호 가운데 1개도 맞혀야 한다. 즉 확실하게 1등이 되려면 같은 숫자를 모두 15개 구매해야만 하기 때문에 실제 확률은 '곱하기 15'를 더해야 한다는 계산이다. 계산값은 무려 2억5889만850이다.

2억이 넘는 확률을 태양계의 확률로 표현한다면 어마어마한 우주 차원의 확률도 있다. 바로 이탈리아 로또인 '수페르에나 로또(superEnalotto)'다. 수페르에나 로또의 방식은 무려 90까지 숫자 가운데 6개를 고르는 것이다. 엑셀 함수에 '90, 6'을 넣어 보면 6억2261만4630이란 숫자가 나온다.

와우! 6억이 넘는 확률, 상상하기도 어렵다. 다만 어려운 만큼 당첨금이 높아서 2009년 8월에는 한국 돈 2650억원의 1등 당첨자가 나오기도 했다.

일본 미니로또, 1등 확률 16만대로 최고

확률이 가장 참한(?) 상품으로는 일본에서 나오는 '미니로또'를 들 수 있다.

31개 숫자 가운데 5개를 선택하는 방식으로, 수학적인 확률은 16만9911밖에 되지 않는다. 당첨 확률이 아주 높다 보니 매우 큰 인기를 끈다. 대신 1등 당첨금의 평균은 약 1억원 안팎이다.

로또도 비즈니스의 하나다. 따라서 당첨 확률이 너무 낮으면 소비자를 끌어들이기 어렵다. 가장 열광할 수 있는, 즉 매번 1명 이상의 당첨자가 나오는 확률을 정하는 것이 사업자 입장에서는 도움이 된다. 따라서 전 세계 대부분의 로또는 600만~1500만 확률 사이에서 만들어져 있다.

다만 로또에 열광하고 참여하는 인원이 많아지면 확률을 조정하는 등 규칙을 새로 만드는 경우가 많다.

실제로 아일랜드 로또(irish-lotto)의 경우는 1988년 복권 발매 시작 이후 방식을 지금까지 4번 개선했다. 참고로 아일랜드 로또는 45까지의 숫자 가운데에서 6개를 고르는 '6/45' 방식으로 한국과 똑같다.

———

확률에 접근하는 다양한 방법들

로또에서 당첨 확률을 수학 방식으로 높이는 방법은 절대 존재하지 않는다. 다만 조합 수를 좁히는 여러 가지 접근 방법은 있다.

6개의 숫자를 선택하는 한국 로또의 경우 무작위로 뽑은 '2, 5, 8, 10, 40, 42'와 '1, 2, 3, 4, 5, 6'은 똑같이 수학식 확률 속에 포함돼 있다. 그러나 실제로 보면 '1, 2, 3, 4, 5, 6'처럼 연속된 숫자가 나오는 경우는 사실상 거의 없다. 심지어 5개 연속 숫자가 나오는 경우도 매우 드물다. 그렇게 보면 6개 연속 숫자 조합과 5개 연속 숫자 조합은 전체 조합에서 뺄 필요가 있다.

로또 숫자의 합이 중간 조합 숫자의 합에 수렴한다는 이치를 이용하는 방법도 있다.

한국 로또는 당첨자가 없는 경우 이월을 2회로 제한하고 있지만 유럽은 이월이 많아 당첨금이 전체 조합의 수를 모두 사는 것보다 많아지는 경우도 종종 생긴다.

실제로 유럽에서는 예전에 한 투자회사가 당첨금이 이월돼 많아지사 전체 숫자 조합의 70%정도를 구매해 1등에 당첨된 적이 있다. 당첨금은 소송에 의해 결국 투자회사가 받았다.

일본 신사에 있는
행운 부적들.

여기에서 눈여겨 볼 점은 '전체 숫자 조합의 70%를 구매'한 점이다. 이 투자회사는 어쩌면 정규분포의 가운데에 해당하는 숫자의 조합부터 사들이는 전략을 활용했는지도 모른다. 수학식 확률은 가운데나 가장자리나 똑같지만 234가지 밖에 되지 않는 합의 조합수에서 빈도를 따져 접근했을 수도 있기 때문이다.

이 밖에도 확률에 접근하는 방법은 많다.

다음 회의 숫자 조합이 '짝수'로만 될 가능성이 높다고 판단한다면 수학식 확률은 쑥 높아진다. 한국 로또에서 45개의 숫자 가운데 짝수는 22개에 불과하다. 엑셀 함수에 '22, 6'을 입력하면 1등 확률은 겨우 7만4613분의 1에 불과하다.

7만4613이란 숫자는 그 수만큼의 조합이 존재한다는 뜻이다. 따라서 법이 허용한다면 7461만3000원어치의 조합을 사들이면 무조건 1등에 당첨된다는 계산이 나온다.

확률을 높이는 방법은 없다. 다만 다양한 자료를 바탕으로 전략을 세워 접근하는 방법은 찾을 수 있다. 이 방법은 '숫자 고르는 비법'이라고 할 수 있다.

'숫자 고르기'
지름길은 있나

자유 의지에 판단력을 제공해 보자

814만5060(한국 로또) 또는 6억2261만4630(이탈리아 로또). 이 숫자는 해당 로또가 만들어 낼 수 있는 조합의 수다. 그리고 이 가짓수는 절대 줄지 않는다.

수학식 확률은 변하지 않는다. 다만 인간은 자유 의지를 가지고 있다. 꿈에 나타난 숫자를 보고 로또를 산다거나 나처럼 '랜덤은 상대적일 것'이라는 생각을 하고 분석해 보는 것은 자유 의지의 영역에 속한다.

'수학식 확률은 불변'이란 건 사실이지만 '어쩌면 패턴이 있을 것'이라고 가정하는 건 충분히 있을 수 있는 일이다. 그리고 어차피 한국의 1000만명, 지구상 5억의 로또 구매자들은 자동으로 구매하건 수동으로 숫자를 적건 매주 로또를 구매한다.

그렇다면 자유 의지를 가진 이들에게 판단에 도움을 주는 지표를 제공하는 것 또한 의미 있는 일일 것이다. 사람에 따라서는 수학식 확률의 불변과 시간의 효율성을 따진다면 운에 맡긴 채 자동으로 구매할 것이고, 같은 확률이라 하더라도 스스로 번호를 만들고 싶다면 자유 의지의 한 가닥을 가동시킬 것이다.

자유 의지를 가동시킬 사람들에겐 정확한 사실에 대한 전달과 더불어 다양한 툴은 이들의 판단에 도움을 줄 수 있게 된다.

앞에서 통계를 예로 들며 정규분포(Normal Distribution) 그래프를 언급한 바 있다. 정규분포는 통계에 시간과 횟수가 덧붙이자 만들어진 지표나. 많지 않은 로(raw) 데이터에 시간이나 횟수가 들어가니 정규분포 그래프가 등장했고, 여기에서 우리는 비로소 로또도 어떤 패턴을 가질 수 있음을 알게 되었다.

지금 당신이 한국 로또의 당첨번호를 조합했다고 하자. 그 숫자가 1등에 당첨될 수학식 확률은 814만5060분의 1이 된다. 내일의 확률도 똑같고 모래의 확률도 똑같다.

꿈에서 본 숫자로 사거나 이 책을 읽고서 뒤편에 있는 방법을 따라하며 로또를 해도 확률은 똑같다. 시간이 흘러 자식의 자식 대가 되어도 수학식 확률은 변하지 않는다.

그러나 수학식 확률은 변하지 않더라도 자유 의지로 번호를 만들고자 하는 사람들에게 툴(지표)을 제공할 수는 있다.

정규분포 그래프는 따라서 중요한 툴이 될 수 있다.

———

정규분포를 이용한 파생 지표 개발 가능

당장 조합번호의 합부터 조정할 수 있다. 우리는 이미 로또 숫자의 합은 정규분포 그래프를 그리고 그 그래프는 중간 숫자의 합, 즉 6개 숫자의 합이 138인 숫자로 좌우 대칭을 이루게 됨을 알고 있다. 그리고 대칭이라는 점은 확률 문제와 다르게 양쪽에 어떤 균형을 갖추려는 힘이 작용한다고 볼 수 있다.

그렇다고 가운데 숫자인 138을 기준으로 로또 숫자의 합을 100~170 사이로 조합한다고 해도 확률이 달라지는 건 아니다. 가운데 숫자로 올수록 조합의 수, 즉 가짓수가 많기 때문이다. 따라서 조합의 합이 138이나 양 끝단에 1개만 존재하는 조합이나 모두 당첨 확률은 같다. 그러나 균형이라는 생각을 떠올리면 방향을 체크할 수는 있다.

몇 번에 걸쳐서 숫자의 합이 120이 나왔다면 다음에는 반대쪽인 150쪽 방향으로 향할 수 있다는 가정을 할 수 있게 된다. 물론 이쪽이냐 저쪽이냐 하는 방향을 정했다고 해도 수학식 확률이 줄어드는 건 아니지만 로또 구매자의 자유 의지에 도움을 줄 수는 있게

된 것이다. 이처럼 정규분포의 그래프만 해도 나름대로 의미 있는 지표가 될 수 있다. 더불어 파생 지표도 등장시킬 수 있다.

단수, 즉 '1, 2, 3, 4 … 9' 등으로만 이뤄진 새로운 정규분포 그래프도 만들 수 있다. 균형점을 찾기 위해 나름대로 방향을 정하는 지표도 등장시킬 수 있다.

하나가 등장하면 거기에서 가지치기를 한 새로운 파생 지표를 만드는 건 매우 쉽다.

정규분포 그래프는 한국 로또에만 해당되는 게 아니다. 나라별, 상품별로 모든 로또에 공통으로 적용된다. 따라서 국가별, 나라별로 적용하고 비교하다 보면 우리가 모르는 새로운 흐름을 발견할 수도 있다.

이 책의 뒷부분에서 여러분은 정규분포와 우주 및 지구의 패턴을 이용해 개발한 음양수, 경계수, 거울수, 균형수 등 다양한 지표를 살펴볼 수 있다.

01/11
로또에 대한 접근법 2

'1등의 함정'에서
벗어나면 보인다

3등 상금도 150만원 이상

로또를 구매하는 사람들은 대부분 '1등'을 노린다. 그러나 냉정하게 판단할 필요가 있다. 로또 상품에는 1등만 존재하는 게 아니다. 2등과 3등도 있고, 상금도 꽤 되는 경우가 많다. 한국 로또만 하더라도 1등 당첨금의 평균은 약 20억원이지만 2등은 5000만~8000만원, 3등은 150만~180만원 정도 된다.

가까운 일본으로만 눈을 돌려도 생각이 바뀐다. 일본의 미니로또(5/31 방식)는 당첨 확률이 매우 높아서 매주 10명 이상의 당첨자를 배출한다. 상금은 약 1억원 안팎에 불과하지만 무척 매력 있는 상품이다. 또 일본의 로또7(7/37 방식)은 이월되는 경우가 많지만 2~3주에 한 번 8억엔(약 80억원)의 당첨자를 배출한다.

한국 로또는 일본과 비교하면 어려우면서 까다롭고, 당첨금도 적은 편에 속한다.

앞에서 로또게임은 철저하게 확률 게임이라고 한 바 있다. 그리고 수학식 당첨 확률을 높일 수 있는 방법은 없다고 했다.

그렇다면 수학식 확률이 높은 게임을 하면 되지 않을까?

한국 로또의 경우 1등과 2등은 똑같이 6개 숫자를 맞혀야 한다. 다만 1등은 1개 조합이지만 2등의 경우 당첨번호가 6개 조합이어서 당첨 확률이 135만7510분의 1로 높아진다. 다만 3등은 숫자 5개를 맞히면 되기 때문에 확률이 122만1759분의 1로 뚝 떨어진다. 3등 상금도 150만원 안팎으로 결코 적지 않다.

————

랜덤 속에 패턴이 있다면 3등은 가까워진다

수학자의 판단으로 로또는 어차피 그냥 즐기는 것이다. 1등이나 3등이나 확률의 의미는 없다. 3등 확률이 높다고 하지만 자신의 의지로 만들 수 있는 게 아니기 때문이다. 따라서 확률이 높은 로또를 찾는다면 한국 로또를 하지 말고 일본 로또를 즐기는 편이 좋다. 그러나 이 책에서 찾아보려고 하는 '랜덤 속의 패턴'이 있다고 했을 때 번호에 접근하는 방법은 인류의 자유 의지에 지표를 제공하면 찾을 수 있게 된다. 접근할 수 있다는 건 멀리 있는 것과 가까이 있는 것이 다르게 보일 수 있다. 즉 1등은 멀어도 3등은 가까워질 수도 있다.

패턴이 존재하고 지표가 유용하다면 이 얘기는 수학식 확률은 뒤에 두더라도 얼마든지 전략이나 방식으로 당첨 번호의 근처에 접근할 수 있다는 얘기가 된다.

지구상의 5억명은 모두 '1등'을 노린다.

당첨금이 많은 걸 노리는 데는 '욕심'과 더불어 '수학식 확률은 불변'이라는 믿음 때문일

것이다. 어차피 희박한 당첨 확률이라면 이왕이면 1등이 낫긴 하다. 그러나 패턴이 보인
다면 전략은 바뀌게 된다.

수학식 확률이 불변이라고 판단했기에 '이왕이면 1등'이었지만 패턴과 전략이 등장하면
오히려 '3등부터 천천히 위로 가자'라는 판단이 옳은 순간이 올 수도 있다.

로또는 1000만 서민이 그냥 즐기는 게임이다. 그러나 이왕이면 패턴이 있다고 믿고 도전
하는 게 더 낫지 않을까? 판단은 독자의 몫이다.

'외국인 전용 로또' 개발해 복지기금 끌어들이자

금융산업 경쟁력 얻고 복지기금 조달하고

한국은 독일과 더불어 세계에서 알아주는 제조업 강국이다. 철강, 조선, 자동차, 기계, 화학 산업의 경쟁력은 5위권 안에 있다. 그렇다고 첨단 산업에서 뒤처지는 것도 아니다. 특히 정보통신(IT)과 바이오 분야는 세계 정상권이다. 한국의 스마트폰과 곡면TV는 세계 최강의 기술과 품질을 자랑한다.

제조업이 강한 독일은 한국의 IT산업을 꽤 부러워한다.

반면에 한국은 금융산업에 관한 한 후진국에 속한다. 각종 규제와 좁은 국내 시장으로 인해 금융산업의 경쟁력은 세계 10위권의 경제 규모에 걸맞지 않게 크게 뒤떨어져 있다. 심지어 동구권 국가보다도 못하다는 평가를 받는다. 대한상공회의소가 지난 여름 국내의 최고경영자(CEO)들을 대상으로 설문조사한 결과를 보면 영국과 미국 등 선진국을 100으로 볼 때 겨우 66~67 수준으로 나왔다.

그러나 전문가들은 실제로 이보다 더 형편없이 낮을 것으로 보고 있다.

뒤처진 금융산업을 단기간에 발달시키기란 어려운 일이다. 후발 주자가 주류 시장에 진입하기 위해서는 '옆구리 치기'밖에 없다. 결국 틈새시장을 노리고 틈새 상품을 개발해 주력 시장, 주력 상품으로 키우는 수밖에 없다.

마침 우리나라는 복지 분야도 뒤처져 있다. 1인당 국민소득은 3만달러에 육박해 선진국 문턱을 넘어섰다고 하지만 내면을 들여다보면 소외된 이웃과 경제 성장의 혜택에서 격리된 노인이 의외로 많다.

게다가 복지 재정도 넉넉지 못하다. 한국은 2013년부터 복지 예산이 100조원을 넘어섰고, 2014년에는 전체 예산 357조7000억원 가운데 105조9000억원을 복지 쪽 사업에 쓴다. 복지 부문에 투입되는 비용은 고령화 등으로 갈수록 느는 추세다. 2014년도 정부 예산은 전년 대비 평균 4.6% 증가했지만 복지 예산은 무려 8.7%나 증가했다.

여기에 벌써 재정 부족으로 국민의 세금으로 메우고 있는 공무원연금이나 액수가 워낙 작아 수급자의 52%가 일을 하고 있는 국민연금 등 국민의 미래를 책임질 연금도 앞날이 밝지만은 않다.

'복지'라는 단어는 현재 대한민국에는 가장 골치 아픈 단어가 됐다.

———

당첨 확률 높고 접근성 쉬운 로또 개발하자

금융산업을 성장시키고 복지 재정을 키울 좋은 아이디어는 없을까?

'외국인 전용 로또'를 개발하는 건 어떨까?

1960~1970년대 세계적으로 가난한 국가이던 한국은 베트남전쟁에 군인, 사우디아라비아에 택시 기사, 독일에 광부와 간호사를 각각 보내 돈을 벌었다. 인력 수출이라고 하지만 전쟁터에까지 보냈으니 어쩌면 '생명수출'까지 감당하며 돈을 벌었다.

지금은 자동차, 스마트폰, TV를 팔아 돈을 벌지만 그때는 사람을 수출해 돈을 벌었다. 인력이나 상품이 아닌 서비스를 수출해 돈을 번 건 아마 '온라인 게임' 업체가 유일하지 않나 생각된다. 한국의 온라인 게임은 중국을 위시해 동남아에서 큰 인기를 끌고 있다. 5~6년 전까지만 해도 일본 업체들이 장악하고 있던 콘솔게임 시장을 축소시킴으로써 '게임의 법칙'을 바꿨을 정도다.

금융산업을 발전시키고 복지 재정을 키우는 두 마리 토끼를 잡을 수 있는 상품으로 로또가 대안이 될 수 있다.

세계적으로 쉽다고 알려진 일본의 미니로또만큼이나 쉬운 로또를 만들어 해외에서 돈을 끌어 모으는 방식이다. 해외 자본으로 한국 국민의 복지를 향상시키는 방식이 된다.

물론 이를 위해서는 '쉬운 로또'를 개발해야 한다. 3부에서 설명이 나오지만 기본적으로 당첨 확률이 높고 커버리지 비율이 높아서 접근성이 높은 로또 상품을 만들어 세계 시장에 내놓는 것이다. 카드 결제도 좋지만 국내 은행이나 증권사의 해외 지점에 계좌를 개설하도록 한 뒤 로또를 구매하도록 한다면 금융산업의 경쟁력에도 도움이 된다.

———

결제, 외국환, 세금 문제 등만 해결하면 가능

다만 외국인 당첨자에게 당첨금을 줄 때 세금이나 환전수수료 등 규제를 몇 가지 풀고 손 보는 등 개선만 하면 된다.

이 상품은 현재 '로또상품 구매대행 서비스'를 해 주는 전 세계의 업체들로부터 큰 인기를 끌 수가 있어서 히트할 가능성도 매우 높다. 다만 시장 선점이 중요하기 때문에 이들을 위한 결제, 외국환거래, 세금 등 문제를 빨리 해결해야 한다는 전제 조건이 있다.

고령화 사회로 진입할수록 로또 사업은 성장한다. 어차피 나중에는 국민에게 지급된 연금의 일부분이 로또 구매를 통해 다시 복지기금으로 들어가는 선순환 구조가 생긴다.

미국이나 영국, 일본 등 선진국의 돈으로 복지기금을 끌어들일 수만 있다면 나쁠 게 없는 아이디어라고 생각된다.

증권과 연계한
로또 파생상품 개발하자

주식투자와 로또는 닮은 점이 많다.

돈에 욕망이 있는 사람들이 참여한다는 점이 흡사하고, 두 상품이 과자와 같은 소비재가 아니라 돈을 투자하여 '더 큰 돈'이라는 결과물을 만들어 내는 금융상품의 얼굴을 지녔다는 점도 닮았다.

다른 사람이 손해를 봐야 자신이 이득을 얻는다는 점도 같다. 시장 참여자의 돈을 주식투자는 좀 더 복잡하게 나누고 로또는 단순하게 나눈다는 점이 다를 뿐이다.

로또를 주식시장의 상품과 비교하면 가장 비슷한 건 옵션 상품이다.

미래의 가치를 먼저 사고파는 선물은 돈을 더 토해
내야 하는 상황이 발생하지만 옵션은 자신이 정한
방향이 아니라면 투자한 돈만 버리면 되기 때문이다.
즉 로또는 1000원의 가격을 1개의 숫자 조합에 투
자하여 그 번호가 맞지 않으면 1000원을 버리면 그
만이다. 옵션이 방향에 투자한다면 로또는 수백, 수
천만 개의 상품 가운데 1개만 선택한다는 차이가 있
을 뿐이다.

로또가 주식보다 더 쉬운 게임일까

주식투자와 로또 즐기기는 어느 편이 더 어려울까?
판돈의 크기를 생각하면 주식이 월등하게 어렵다. 돈
을 잃으면 속이 쓰리기 때문이다. 그렇다고 로또가 더
쉽다고 할 수도 없다.

솔직히 게임의 룰이 달라 단순 비교를 하기란 어려운
일이다. 주식은 싸게 사서 비싸게 파는 게임이고 로또
는 가격이 존재하지 않는 수백, 수천만 개의 상품 가
운데 몇 개(5등까지 포함)를 고르는 게임이기 때문이
다. 그래도 억지로 비교해 보면 로또가 더 쉬운 게임
이다.

주식투자와 로또 모두 현재의 가격(로또는 숫자의 합)보다 더 오를 것이냐 내려갈 것이냐를 놓고 판단한다고 치자.

일단 주식투자는 현재 주가가 적정가인지 아닌지가 논란의 시작이 된다. 방향부터 정하기가 어렵다. 그런데 방향을 정하더라도 그쪽 방향에서 선택할 수 있는 가짓수(가격대)는 무한대다.

반면에 로또는 정규분포 상 한가운데를 축으로 하여 양쪽으로 나눌 수 있다. 즉 일단 가운데 축이 있기 때문에 다음 숫자를 유추하는 데 도움이 된다. 그리고 방향이 정해지면 그 안에 포함된 가짓수(조합의 수)도 정해져 있다. 상품에 따라 정해진 조합의 수는 늘지도 줄지도 않는다.

여기에 주식투자는 흐름을 역이용할 수 있고, 역이용하는 상품도 존재한다. 그러나 로또는 자연이 주사위를 던지기 때문에 인간이 개입할 가능성이 거의 없다.

적은 판돈에 인위가 개입되기 힘든 게임이어서 로또가 좀 더 쉽다고 한 것이다.

표본 공간을 기초 자산으로 설계

여기에서 로또를 주식투자나 옵션과 비교해 본 건 앞 장에서 언급한 '외국인 전용 로또 수출'로 복지비용을 끌어들이자는 논의에 한 가지 상품을 더 붙이기 위함이다.

5억명의 로또 투자자 이외에도 전 세계에서 날고 긴다는 증권맨들까지 '외국인 전용 로또'에 끌어들인다면 한국의 복지비용은 자칫 300조원을 막 넘어선 국가 예산보다 더 많아질지 모를 일이다. 시장 선점에 성공한다면 복지 강국을 넘어 복지 천국으로 만들 수도 있다.

홍콩의 로또
'마크식스'는 일주일에
세 번 추첨한다.

옵션게임의 룰을 차용한 '로또 파생상품'을 개발하면 어떨까? 한국 로또를 예로 들면 814만5060가지가 포함돼 있는 표본 공간을 기초 자산으로 삼는다. 표본 공간에는 숫자가 가장 적은 21과 가장 많은 255 사이에 모두 234개의 상품이 존재한다.

게임의 법칙은 간단하다.

당첨번호의 합을 맞히거나 그 합에 가까운 조합을 써 낸 투자자의 순으로 당첨번호와 차이가 3 이하에 포함된 숫자를 써 낸 투자자에게 당첨금을 지급하는 것이다. 이들에게 지급하는 자금은 정규분포 상 가운데 축(한국 로또는 138. 3부에서 말하는 경계수)을 기준으로 반대편에 투자한 자금에서 지급하는 방식이다. 구간을 둘로 나눠 둘 가운데 하나를 선택하는 방식은 옵션을 닮았다고 할 수 있다.

예를 들면 이번 회의 당첨번호 합(3부에서 말하는 음양수)이 170이라고 하자.

50명의 사람들은 구간을 나누는 숫자인 138 이하의 숫자, 50명의 사람들은 170이 속한 구간인 139에서 304 사이에 각각 투자했다고 하자.

170을 정확하게 맞힌 사람이 있을 수도 있고 없을 수도 있다. 그러나 룰에 의해 3포인트 이내, 즉 168부터 173까지 구간의 숫자에 투자한 사람들에게 당첨번호에 얼마나 가까운가에 따라 138 이하의 구간 숫자에 투자한 50명의 자금을 나눠 주는 것이다.

168에서 178까지의 숫자에 투자한 사람이 10명이라면 이들에게 반대쪽 방향에 투자한 사람들의 자금을 지급한다. 대신 138번 이상에 투자한 사람들 가운데 당첨번호와 3 이상 차이가 나는 나머지 40명은 투자한 돈을 잃지 않고 유지(Draw)하게 하는 방식이다. 234개라는 기초 자산의 개수가 너무 작다고 한다면 보너스 숫자까지 포함한 상품을 개발하면 된다. 이 경우 당첨번호의 합으로 이루어진 표본공간의 기초 자산은 304-28=276개로 늘어나게 된다.

———

당첨번호의 합에 가까운 자산이 승리

그러나 룰은 단순할수록 좋다. 비록 당첨금이 많지 않더라도 234~276개의 기초 자산으로 시작하면 더 많은 참여자를 끌어들일 수 있게 된다. 그래도 너무 적다면 자연수를 없애고 '0.25', '0.5', '0.75'가 포함된 유리수로만 상품을 만들 수도 있다. 170이 당첨번호였다면 170.25와 169.75가 가장 가까운 숫자로 인정받는 방식이다.

파생상품의 설계는 얼마든지 자유롭게 할 수 있다.

아직 당첨번호에 대한 저작권이 인정되는지에 관해 유권해석은 없지만 이를 피해 가는 방식이란 면에서 '유리수 기초 자산'도 의미 있는 아이디어가 된다.

여기에 소개한 파생상품은 한국에서도 미국의 메가밀리언, 브라질의 메가세나, 이탈리아의 수페르에나, 유럽 통합의 유로밀리언 등 참여자가 많은 로또를 대상으로 만들 수 있다는 강점이 있다.

'로또 상품 수출로 복지비용 조달하기'는 글로벌 경쟁 시대에 새로운 금융상품으로 키울 수 있는 상품이다. 정부에 적극 검토하기를 권장한다.

로또
숫자의
비밀

02
패턴 찾기

어떤 상상력도
티끌 이상의
가치가 있다

상상력은 무한 자유의 영역

신이 인간에게 준 가장 큰 선물은 무엇일까? 바로 생각하는 힘이다. 그런데 생각의 극치가 바로 상상력이다.

인류는 겨우 1.5kg의 고깃덩어리인 뇌를 아직 활용하지 못하고 있다. 상상력은 뇌에서 나온다. 그리고 상상력은 인간이 우주를 이해하고 해석해 나가는 힘과 길이기도 하다. 상상에는 종교도 나이도 성별도 국적도 취미도 인종도 없다. 한마디로 '무한 자유의 영역'에 속한다.

다만 상상력은 그냥 나오지 않는다. 다양한 경험과 사고, 다양한 방식의 생활 패턴이 접목되어 탄생한다. 때론 '엉뚱', '기발', '미친'이란 단어가 앞에 들어간다.

가장 순수한 상상력자는 수학자들이다. 그들의 상상에는 돈이나 명예보다 호기심과 탐구욕이 앞서 있다.

안타깝게도 현실 속에서 상상력은 천대받고 있다. 돈이 되는 상상력, 인간 중심의 상상력에만 매진한다. 진정한 상상력은 '무'에서 출발한다. 따라서 인간 중심의 싱상력도 좋은 방향은 아니다. 인간도 우주의 존재로 보면 열등 동물인지 변종 생명체인지 고민해 보는 열린 상상력이 필요하다.

로또 숫자에서 패턴을 찾는 건 상상력 영역에 속한다.

수학자들은 확률을 계산했고, 실제로 매주 1등 숫자는 랜덤의 영역에서 나온다고 믿고 있다. 그러나 이 세상에서 상상력으로 불가능한 영역은 없다. 현실에서 아직까지는 시간을 되돌리고 성장을 거꾸로 가게 할 수 없다.

그러나 이 책의 앞에서 얘기했듯 '랜덤도 상대적이지 않을까'라는 호기심을 상상력의 영역에서 접근하는 건 언제나 가능하다. 그리고 이 문제를 풀기 위해 지금은 '어떤 상상력이나 무조건 가치가 있다'는 열린 마음가짐이 필요하다. 반드시 로또에 국한하여 접근할 필요는 없다.

불과 100년 전만 해도 인류는 달을 '시(詩)' 속에서만 즐길 뿐이었다. 그러나 1969년 7월 아폴로11호를 타고 간 미국의 닐 암스트롱은 인류 최초로 달에 발을 내딛는데 성공했다.

30년 전만 해도 인류의 손에 컴퓨터가 들려 있을 것으로 본 사람은 매우 드물었다. 그러나 이제 모든 인류는 손에 스마트폰이라는 컴퓨터를 들고 다닌다. 조만간 휘는 디스플레이까지 보급되면 스마트폰은 인류의 손목에 장착되어 인류의 건강까지 깔끔하게 챙겨주는 만능 도구가 될 수도 있다.

－－－－－

상상력은 융·복합, 엉뚱함과 경험에서 길러진다

1990년 전후 미국에서 발행되던 옴니(OMNI)라는 월간지가 있었나. 과학기술과 예술, 인문 등을 함께 다룬 융·복합 잡지였다. 이런 잡지가 탄생한 배경에는 새로운 방식의 사고에 대한 도전 의식이 있었기 때문이었다.

당시는 인류가 막 콤팩트디스크(CD)로 음악을 듣기 시작하고 컴퓨터가 등장하면서 디지털 시대가 도래한 시기였다. 가수들이 새 노래를 발표하면 테이프와 CD로 동시에 내놓은 아날로그와 디지털이 공존하던 때였다. 그래서인지 다양한 접근을 많이 하는 잡지와 사고방식이 유행하기도 했다.

좀 엉뚱하지만 당시 일본의 한 경제 주간지에서는 '태양 흑점과 주가'를 특집으로 다룰 정도로 그때의 시대상은 다양한 접근을 선호했다.

'태양 흑점과 주가'는 실패한 기획이었지만 일본의 그런 도전 정신은 1980년대의 일본을 세계 최강의 과학기술 국가로 성장시킨 기반이 되었다.

당시 일본은 미국의 IBM과 맞먹는 컴퓨터 회사로 NEC, 후지쓰 등을 가지고 있을 때였다. 또 프랙털 이미지와 사이보그 그림을 세계 처음으로 컴퓨터그래픽(CG)으로 구현하여 전시회를 할 정도였다.

지금의 언어로 표현하면 융·복합 사고가 활발하게 전개되던 시대로, 지금 되돌아보면 2010년대 이후 벌어질 진정한 융·복합 전쟁의 전초전이던 셈이었다.

———

상상력에는 엉뚱한 호기심과 질문이 있어야만 한다.

'인류가 달에서 살게 되면 아이를 키우며 종족 번식을 할 수 있을까?'

'스마트폰을 뇌 속에 넣게 되면 검색과 연산에 능한 인간이 될 수 있을까'

'인공심장으로 바꾸게 되면 인간의 수명은 영원할까?'

'외계인도 남·여 양성으로 살까? 아니면 1성이나 3성일까'

'프로야구의 매일 점수 차이와 주가의 변동성은 관계가 있을까'

'인공자궁 공장을 만들면 여자들은 자기 배로 낳는 것과 비교하여 어느 걸 선호할까?'

———

다나카 선수 메이저리그 첫해 16, 17승 계산법

지난해 내가 좀 엉뚱한 계산을 해 본 걸 소개한다.

미국 프로야구 LA다저스에서 투수로 활약하고 있는 류현진 선수는 지난해 14승을 거뒀다. 올해는 일본에서 건너간 뉴욕양키즈의 다나카 마사히로 선수가 동양인으로서 맹활약하고 있다. 다나카 선수는 올해 몇 승을 할 수 있을까?

지난해 류현진 선수의 첫해 승수를 계산한 방법으로 해 보면 다나카 선수는 2014년 16승 근방의 승수를 올린다. 기세로 보아 17승이 가능해 보인다.

계산법은 엉뚱하다.

지난해 류현진 선수의 생일을 적어 놓고 각 숫자 사이의 차이를 계속 적어 내려가 봤다. 계속 몇 단계 내려오다 보면 수학에서 말하는 파스칼의 삼각형과 반대의 모습이 나온다. 일단 사람인 이상 20승 이상을 하기는 어려울 테니 10단위 숫자가 나올 때까지 두세 단계를 거치는 과정까지 마쳐 보자.

계산한 걸 살펴보자.

류현진 1987년 3월 25일생

1987325(1과 9 차이 8, 이하 9와 8은 1, 8과 7은 1, 7과 3은 4, 3과 2는 1, 2와 5는 3)

811413=18(8+1+1+4+1+3. 8과 1은 7, 1과 1은 0, 1과 4는 3, 4와 1은 3, 1과 3은 2)

70332=15(7+0+3+3+2)

지난해 류현진 선수는 14승을 했다. 앞에서 계산해 나온 15의 근처 숫자다.

일본 출신 메이저리거도 계산해 보자.

다르빗슈 유 1986년 8월 16일생

1 9 8 6 8 1 6

 8 1 2 2 7 5=25

  7 1 0 5 2=15

다르빗슈는 2012년 데뷔 첫해 15 근처의 숫자인 16승을 거뒀다.

다나카 마사히로 1988년 11월 1일

1 9 8 8 1 1 1

 8 1 0 7 0 0=16

이와쿠마 히사시 1981년 4월 12일

1 9 8 1 4 1 2

 8 1 7 3 3 1=23

  7 6 4 0 2=19

   1 2 4 2=9

2012년 메이저리그에 진출한 이와쿠마 선수는 그해 결국 9승밖에 하지 못했다.

언뜻 보거나 자세히 봐도 당연히 억지 같다는 느낌이 든다. 맞다.

그러나 상상력의 영역에서 보면 비록 그렇다고 해도 시도하지 않은 것보다는 낫다.

상상력이 가장 싫어하는 단어는 '스테레오 타입'(고정관념)이다.

어떤 생각이나 자유롭게 하고, 아무데나 붙여 보고, 맘대로 분리하고 분석해 보자. 무한한 상상력은 결국 새로운 사실과 결과를 가져다 줄 것이다.

전혀 새로운 영역에 대한 도전은 상상력에서 나올 수밖에 없다.

로또 문제에 대해 수학식 확률로 도전하는 건 전혀 의미 없는 일이다. 로또에서 '확률=조합의 수'라고 한 것처럼 조합의 수는 절대 줄어들지도 늘어나지도 않는 수학 공식으로 계산된 답이기 때문이다.

따라서 로또에 대한 접근은 기본적으로 확률이 아니라 정답 근처로 가는 패턴이 있을 수 있느냐에 초점을 맞출 수밖에 없다. 결국 '숫자 고르는 비법'에 대해서만 언급이 가능하다.

그러나 '닫힌 세계의 랜덤에는 패턴이 존재한다'는 가정을 하고 상상력을 덧붙인다면 우주나 지구에 존재하는 패턴에서 어떤 실마리를 찾을 수 있을지도 모른다.

패턴을 찾게 되면 다른 방식의 접근이 가능해지고, 접근 확률이 높아진다면 결과가 다른 세상을 맞이할 수도 있기 때문이다. 물론 전혀 무의미할 수도 있지만 도전은 아무리 가볍다 하더라도 아름다운 법이라고 믿는다.

소수(Prime number)와
닮은 빅뱅

'닫힌 공간 속 랜덤'이나 '확률 속 랜덤'에 의혹이 인다면 랜덤 속에서 패턴을 읽을 수 있을지 모른다. 그리고 그 시작은 우주가 되어야 한다.

대부분 지구에 발을 딛고 사는 인류는 우주에 가서 산 적이 없다. 극히 일부만이 우주선을 타고 지구 궤도 밖을 몇 번 돌았을 뿐이다. 그리고 영화 '그래비티(Gravity)'에서 보듯 우주와 관련된 소수의 직업 종사자만이 지구 밖을 잠깐 느끼고 체험할 뿐이나. 0.000000001%도 안 되는 인류만이 겨우 피상으로 우주를 알고 인류 대부분은 전혀 모른다고 해도 과언이 아니다.

다만 인류는 책을 통해 우주를 대략이나마 알고 있다.

우리가 속한 우주는 138억년 전 빅뱅 이후 무한 팽창하고 있다. 물론 '무한'이란 단어가 정확한 표현인지 아닌지는 아직 알 수 없다. 우주 역사로 볼 때 인류가 과학적 사고를 본격 하기 시작한 건 불과 300여 년에 불과하기 때문이다.

따라서 우주는 인류에게 여전히 비밀이 많은 곳이다. 지구와 닮은 행성은 존재하는지, 외계인이 사는 행성도 있는지, 시간이 막히거나 되돌려지는 지점은 없는지, 시공간이 뒤틀리는 '타이밍'은 있는지 등 여전히 모르는 것 투성이다.

태극이론과 빅뱅이론은 닮은 꼴

지금 우리는 인류가 보고 있는 우주가 138억년 전 빅뱅으로 탄생했고, 91억년이 지난 47억년 전 쯤 태양계가 만들어졌다는 걸 잘 알고 있다. 이는 인류의 축적된 지식과 현대 과학이 일궈낸 매우 값진 사실이다.

그러나 동양에서는 오래 전부터 빅뱅을 유추할 수 있는 학문적 근거가 있었다.

1000년 전 북송시대의 주돈이(周敦頤, 1017~1073년)는 우주가 어떻게 움직이는지에 대해 설명한 '태극도설(太極圖說)'을 내놓았다.

주돈이는 한나라 때부터 내려오던 '한상역도(漢上易圖)'를 전해 받아 이를 기초로 하여 태극도설을 만들었다고 밝혔다.

태극도설 그림을 보면 맨 위에 비어 있는 둥근 원, 즉 무극(無極)이 있다. 그리고 그 아래 태극을 음양이 움직이는 모양으로 그린 뒤 목화토금수(木火土金水)가 바로 생겨나서 이어져 있고, 이후 만물이 탄생하는 것으로 그려져 있다.

중요한 건 그림에서 무극 아래에 '무극이태극(無極而太極)'이라고 써 놓아 무극과 태극을 같은 개념으로 보고 있다는 점이다.

이 얘기는 무극과 태극, 즉 무에서 세상이 생기는 빅뱅이 순식간에 벌어졌음을 나타낸 것이다. 그리고 빅뱅 이후 비로소 음과 양이 움직이면서 물질이 만들어지는 세상의 모습을 구체적으로 표현했다. '양동(陽動)과 음정(陰靜)'이란 말은 음과 양이 움직이기 시작함을 나타낸다. 이후 양과 음이 뒤섞이면서 목화토금수가 생겼고, 이를 토대로 만물이 탄생했다는 것이다.

주돈이가 말하는 '무극이태극(無極而太極)'이 바로 빅뱅이다. 우주가 무에서 빅뱅을 거쳐 탄생했음을 먼 옛날 이미 알고 있었다는 얘기다.

동양에서 말하는 음양오행설은 여기에서 시작됐다. 빅뱅 이후 태극에서 음과 양이 생겼고, 음양이 움직여 만들어진 목화토금수에서 각각의 성질과 움직임이 조화를 이루며 지구와 생명체 등 만물을 탄생시켰다는 모든 과정을 설명한다.

———

묵자의 오목 우주렌즈 개념은 경이로움

놀라운 건 바로 빅뱅을 설명한 태극과 음양오행설이 사실은 더 오래 전부터 내려오던 얘기라는 사실이다.

한상역도란 단어에서 알 수 있듯 중국 한나라(漢), 정확하게는 전한시대인 기원 전후에 제작된 한상역도는 당말송초의 진단(陳摶, 872~989)과 충방(种放, 955~1015), 송초의 목수(穆修, 979~1032)를 거쳐 주돈이에게 전해진 것이다. 한상역도는 진단부터 주돈이까지 무려 1000년의 시차가 있다.

그러나 한상역도의 근본이 되는 하도낙서(河圖洛書)가 기원전 4000~5000년대의 것이니 한상역도는 수천년에 걸쳐 당시 지식인들 사이에서 논의되고 사고하며 다듬어진 작품으로 볼 수 있다. 무극의 등장은 빅뱅 이론의 근거로 볼 수 있으니 동양에서는 적어도 3000년 전에 우주 탄생과 관련한 빅뱅의 의미를 어렴풋하게나마 알고 있었다고 볼 수 있다. 우주에 대한 동양 지식인들의 접근은 인류 역사상 '천체렌즈'라는 개념을 처음 꺼낸 묵자(墨子; 기원전 479~381년)의 우주관에서 입을 벌리게 된다.

묵자의 우주관에 관한 글은 워낙 어려워서 해석하기 어려운 점이 많다. 마침 한동석(韓東錫, 1911~1968)의 '우주변화의 원리'라는 책에 나온 해석을 소개해 보자.

'二臨鑑而立(이임감이립)에 景到(경도)할새 多而若少(다이약소)하나니 說在寡區(설재과구)니라'

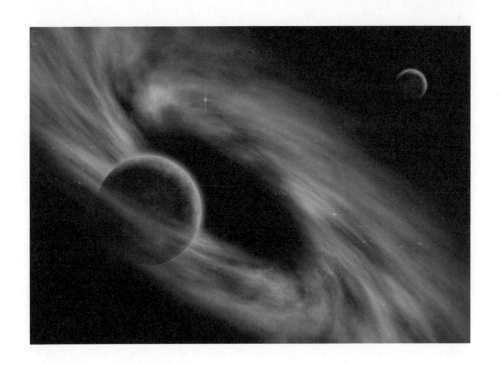

옛 한문이기도 하지만 공맹시대의 언어와 음양오행을 알지 못하면 풀이할 수 없는 문장이다.

한동석은 이(二)는 목화토금수 가운데 불을 뜻하는 화(火)로 풀이하고 경은 빛(光), 약소는 '통일되는 것', 과구는 '좁아지는 구역'으로 해석했다.

책에는 명리학자들에게도 어려운 인신상화(寅申相火)를 설명하기 위해 매우 어려운 단어를 사용하고 있지만 여기에서는 생략하고 쉽게 풀이해 본다.

태양이 있고 지구가 있다. 지구가 태양의 궤도를 봄부터 시작해 180도 돌게 되면 그때부터 쌀쌀해지는 가을이 시작된다. 그런데 가을로 접어들면 여름과 비교해도 유난히 공기도 더 따갑고 땅도 열을 발산하게 된다. 이처럼 가을에서 겨울로 넘어가는 과정에서 유난히 '따가운 가을'을 겪어야 하는데 묵자는 이 같은 현상이 지구 뒤쪽에 형성되는 천체 렌즈 때문이라고 풀이했다.

더 쉽게 설명하면 지구가 1년의 시작부터 타원인 공전 궤도를 180도 지나치게 된다는 건 태양에서 조금씩 멀어지기 시작한다는 얘기다. 자연스럽게 태양에서 멀어지는 지구 뒤쪽의 우주 공간은 더 차가운 곳이고, 지구는 그쪽으로 움직인다는 얘기다. 태양빛은 지구 뒤쪽으로도 흘러가는데 이 빛은 어느 구역까지 날아가게 가면 우주 공간에 지구 뒤편의 둥근 모습 그대로 오목렌즈와 같은 역할을 하게 되고 그 렌즈에서 다시 반사된 빛과 열이 지구로 돌아오게 되어 초가을 지구가 더 뜨거운 모습을 한다는 얘기다.

현대 천문학 등으로 볼 때 이해하기 어려운 부분이 있지만 우주 공간에 에테르가 존재한다고 보면 태양에서 멀어질수록 추워진 에테르의 활동량은 적어지고 느려지게 된다. 그런데 그 느려진 속도는 우주라는 거대한 관점에서 보면 물이 어느 순간을 넘어가면 젤리 모양으로 변하는 것과 같게 된다. 또한 그 젤리는 지구의 공전 궤도 모양을 닮게 되어 열과 빛을 반사할 수 있는 오목렌즈 형태를 이루게 된다. 초가을의 지구에서 먼 뒤편에 만들어진 오목렌즈는 지구 뒤쪽으로 오는 태양열을 지구로 반사시켜 지구의 초가을 밤을 뜨거운 땅과 기온으로 유지시킨다는 논리다.

천체가 만들어 낸다는 '우주 오목렌즈'의 개념을 2500년 전에 생각해 냈고, 그것도 지구의 공전과 태양의 온도까지 끄집어 내 설명했다는 건 동양의 우주관이 결코 서양과 비교하여 뒤처지지 않았다는 의미도 된다.

———

소수와 목화토금수의 관계

그런데 빅뱅과 닮은 건 또 있다. 바로 소수(素數)다. 수학은 오래 전부터 우주의 비밀을 푸는 방식으로 쓰였다.

그리스의 피타고라스는 "만물의 근원은 수"라고 말했고, 400여 년 전 사람인 갈릴레오도 "세계는 수학이라는 언어로 쓰인 장대한 책"이라며 숫자가 만물과 우주를 설명하는 열쇠라고 판단했다.

소수(Prime number)는 빅뱅 후 우주 공간이 초확장하는 모습과 닮았다.

2, 3, 5, 7, 11…로 진행되는 소수는 처음에 많다가 뒤로 갈수록 빈도가 줄어든다. 처음 100까지 사이에는 소수가 25개로 25%나 존재하지만 1억까지 범위를 넓히면 소수는 576만1455개로 겨우 6%밖에 되지 않는다.

동양에서는 빅뱅 후 목화토금수라는 5가지의 흐름 속에서 만물이 생성되고 장생했다가 소멸되는 것으로 설명했지만 소수의 분포를 보면 마치 원자, 쿼크 등 소립자 따위가 태어나는 순서와 닮은 듯하기도 하다.

빅뱅 직후 10의 −36승초 동안 우주는 급격하게 커져서 그 찰나의 순간에 우주는 10의 50승배 이상 폭발했다. 찰나의 순간에 급격하게 커지고 동시에 수많은 물질을 만들어 낸 우주는 이후 확장 속도도 느려지고 듬성듬성 물질을 만들어 낸다. 마치 소수의 등장이 시간이 흐를수록 띄엄띄엄 나타나는 것과 매우 닮았다.

목화토금수는 만물과 법칙의 생로병사에 관한 이론이다. 서양에서 말한 소립자와 물질의 등장은 이 가운데 금(金)의 영역에 속한다.

우주 탄생과 우주 질서에 관한 이론은 동서양이 닮아 있다. 다만 지금까지 차이가 있다고 생각했을 뿐이다.

오행상생상극도(五行相生相剋圖)

무한 반복의
겹원 운동

빅뱅 이론, 초끈 이론 등 우주의 탄생과 형태에 관해서는 연구가 많이 됐지만 우주가 어떻게 움직이는지에 관해서는 덜 알려져 있다.

지구의 움직임에 관해서도 과학자들이 알아낸 거라곤 4만1013년을 주기로 지구의 자전축이 22.38~24.21도 사이에서 변하고 있다는 것 정도다. 현재 지구는 황도에 대한 경사각이 약 23.4도 기울어져 있어서 22도보다 24도 쪽에 더 가깝다.

지구는 기울어질수록 빙하기가 되고, 반대로 22도 쪽으로 설 경우 따뜻해진다고 한다. 이렇게 보면 앞으로도 지구의 지축은 상당 기간 22도 쪽으로 갈 것으로 보여 이산화탄소 논쟁과 관계없이 더 뜨거워질 것이 확실하다.

소강절의 원회운세 이론

지구의 움직임에 관한 얘기는 동양에 더 많이 남아 있다.

묵자가 2500년 전 지구의 가을 날씨를 설명하면서 '우주 오목렌즈'라는 개념을 설정했지만 우주의 움직임에 관한 이론은 1000년 전인 송나라 때부터 급격한 학문 발전을 이루게 된다.

지구와 우주의 운동에 관해 잘 설명한 최초의 지식인은 소강절(邵康節, 1011~1077년)

이다. 소강절은 당시까지 내려온 주역을 더욱 연구하여 사고의 지평을 우주 밖까지 확장하고, 더 나아가 주역이 사상과 팔괘로 이어지는 흐름 속에서 64괘를 패턴화한 상학(象學)을 더욱 발전시켰다.

소강절이 자신의 저서 '황극경세서(皇極經世書)'에서 주장한 원회운세(元會運世)는 워낙 거대한 이론이라 지금도 우주 변화를 설명하는 한 줄기로 알려져 있다.

1세는 30년, 1운은 360년, 1회는 1만800년, 1원은 12만9600년으로 각각 풀었다. 30년마다 소변화가 일어나고, 360년마다 중변화가 일어나며, 1만800년마다 대변화가 발생한다는 이론이다. 그는 1만800년이 12번 돌고 나며, 우주가 완전히 한 바퀴 돌아 제자리로 돌아간다고 주장했다. 그게 바로 1원으로, 12만9600년이다.

물론 소강절이 주장한 원회운세는 하루에도 일어나고 1년 중에도 발생한다. 즉 30분 또는 1시간에 한 번 소변화가 오고, 12를 곱하면 한나절(해가 떠 있는 시간) 또는 하루에 중변화가 생긴다. 1개월이 1만800분이니 1년은 1원의 변화를 가져오게 된다.

그러나 원회운세에서 말하는 30, 360 등 숫자는 시간이나 날로 따질 필요가 없는 숫자이기도 하다. 횟수로 계산해도 틀린 말은 아니다. 따라서 매일, 매 순간에도 원회운세는 발생하고 세상은 변하고 있다.

———

일부의 정역, 현실에 맞지 않는 이상론일까

그러나 우주와 지구의 움직임에 관한 연구는 소강절만이 한 건 아니다.

한국의 김항(金恒, 1826~1898년)과 최석기(崔碩基, 1904~1987년)도 나름대로 자신의 연구 업적을 발표했다.

김항은 호가 일부(一夫)로 김일부 선생으로 불린다. 그를 따르던 사람들이 증산도라는 종교 단체를 만들었고, 증산도에서는 '개벽'이란 단어를 자주 사용한다.

일부는 18년간 주역과 서경을 공부한 뒤 '정역(正易)'을 발표한다. 지금 현재처럼 지축이 기울어진 지 2800년이 되어 조만간 지축이 바로 서는 시대가 오는데 그 시대는 정역으로 설명할 수 있다고 주장한다.

지축이 바로 서면 지구의 공전 주기로 본 1년도 360일이 되고 인간 세상의 1년도 360일이 되어 윤달은 필요 없이 해와 달과 지구의 운행이 딱 일치하는 세상이라고 한다. 그때가 되면 인간을 포함한 모든 만물이 평등하고 평화롭게 살아가게 될 것이라고 진단했다.

일부가 주장한 2800년 전은 언제부터일까? 전문가들은 문왕의 주나라가 기원전 770년에 호경에서 낙읍으로 수도를 옮긴 뒤부터로 본다. 그렇게 본다면 2014+770=2784라는 계산이 나온다. 2800에서 16이 모자라니 지금부터 16년 뒤에 지축이 바로 선다는 주장이다. 물론 일부가 2800년이라고 한 시점은 정역을 발표하는 1884~1885년 2년간이었으므로 이미 지났다고 보는 사람도 있다.

그러나 현재 지구의 과학자들 가운데 지구의 지축이 조만간 움직일 수 있다고 보는 견해가 적지 않은 걸 보면 일부의 주장에는 상당한 근거가 있음을 알 수 있다.

동주의 지구승강론, 지구온난화는 당연

전문가들은 일부(一夫)의 주장이 지구의 역사와 비교하면 너무 유토피아적이라고 지적한다.

지구는 역사상 단 한 번도 지축이 바로 선 적이 없는 데다 1년의 길이도 360일로 딱 맞아떨어진 적이 있었다는 증거가 없다. 지축도 과학자들이 증명한 바로는 22~24도 사이를 왔다 갔다 할 뿐이지 정확하게 황도에 대해 90도로 선 적이 없다. 따라서 일부의 주장은 현실성이 떨어진 '유토피아'에 대한 얘기일 뿐이라고 말한다.

일부가 세상을 떠난 뒤 6년 후에 태어난 동주(東洲) 최석기는 역시 주역을 연구했지만 '우주설'과 '하락연의(河洛演義)'를 통해 일부와는 또 다른 이론을 내세웠다.

그는 소강절의 원회운세를 더욱 발전시킨 이론을 발표했는데 좀 더 현실적인 지구의 시간과 달력을 사용했다. 즉 1개월은 29일과 1만640분의 5645.8298초, 1년은 365일과 5시간55분56.39초로 각각 계산했다. 따라서 그는 1회(會)를 1만640년, 1원(元)은 12만7680년으로 잡았다. 소강절의 계산법과 비교하면 1회는 160년, 1원은 1920년이 짧다. 동주는 1만640년의 1회가 12번 반복된다고 보고 그때마다 지구는 황도를 중심으로 위아래로 승강운동을 한다고 주장했다.

즉 지지를 말하는 자축인묘진사오미신유술해(子丑寅卯辰巳午未申酉戌亥)의 순서로 지구는 황도 자체를 오르락내리락하면서 지구의 전체 온도를 좌지우지한다는 이론이다. 자축인묘진사까지 매회 황도를 중심으로 18도씩 오르며 지구가 더워지고, 지구가 더워지면 오미신유술해회(會)에 매번 18도씩 내려와 지구가 추워진다는 것이다.

이렇게 12만7680년(1元)을 365번 하면 모두 4660만3200년이 지나는데 이렇게 돼야 지구의 큰 흐름이 끝나고 새로운 봄이 시작된다고 동주는 말한다. 동주는 이 같은 이론을 발표한 1966년을 제80원(癸未元)의 오회(午會) 가운데 1540년이라고 계산했다.

동주의 이론에 따르면 2014년은 오회의 초입에 해당하므로 앞으로도 지구는 수천년간 지금보다 더욱 더워질 가능성이 높다고 할 수 있다.

이렇게 같은 주역을 연구해 발표한 이론이라도 다 다르다. 그러나 한 가지 확실한 건 동양에서 지구와 우주의 움직임은 무한반복 운동이라는 사실이다. 태양 주위를 도는 궤

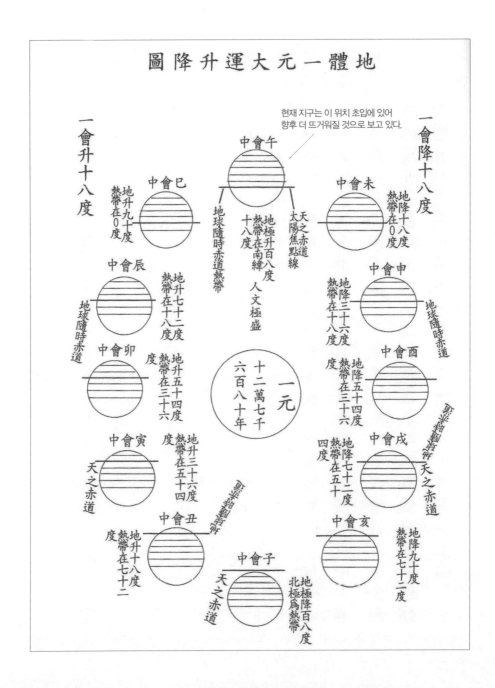

현재 지구는 이 위치 초입에 있어
향후 더 뜨거워질 것으로 보고 있다.

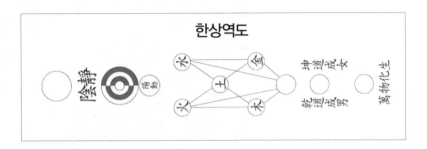

도가 원이든 타원이든 중요하지 않다. 영원히 움직인다는 점이 더 중요하다. 또 하나 공통점인 건 12, 60, 360 등 12진법에 의해 상황을 설명한다는 점이다. 소강절이나 일부나 동주나 모두 12진법에 의해 우주와 지구의 움직임을 유추하고 진단했다.

지구와 태양, 움직이지 않는 건 없다

그렇다고 서양의 천문학자들이 놓고 있은 건 아니다. 최근 이론에 따르면 지구를 포함한 태양계가 헤르쿨레스(또는 헤라클레스, 허큘리스) 별자리 방향으로 초속 19km의 속도로 움직이고 있다는 걸 밝혔다. 이와 더불어 태양계는 우리 우주의 중심부를 향해 초속 217km의 속도로 공전하고 있다는 사실도 계산해 냈다. 태양계의 우리 우주 중심에 대한 공전 시간은 2억2600만년이다.

우주는 정지한 것이 없다. 모두 움직이고 있다. 그것도 무섭게 움직인다. 태양계는 초속 217km의 엄청난 속도로 우주 중심부를 기준으로 공전하지만 2m도 안 되는 작은 키에 겨우 1.5kg 남짓한 뇌를 지닌 인간의 감각으로 감당하기에는 너무 빠른 속도다.

그러나 우주에도 분명 질서는 있다. 눈에 보인다. 여기에서 뭔가 공통점을 발견할 수는 없을까. 일단 멀리서 보면 모두 각기 다른 중심을 향해 원운동을 하고 있는 건 확실하다.

구와 원은 우주의
원초적 법칙이다

'우주의 원초는 어떤 모습일까'

인간은 지구라는 행성의 땅에서 살며, 다양한 생김새의 물체와 마주한다. 그러나 인간의 눈에 보이는 물체들은 질서를 갖춘 형태를 보이고 있지만 원초의 모양은 아니다.

모든 물질의 원초는 어떤 모습일까.

우주에서 보듯 물질의 구성단위인 원자나 분자에서 보듯 공 모양의 구(球)다. 구는 어느 위치에서 보나 같은 모양이다. 심지어 멀리 떨어뜨려 놓아도 크기만 작아질 뿐 동그란 모양은 똑같다.

지구 밖으로 눈을 돌려보면 모두 공 모양뿐이다.

우주가 빅뱅으로 탄생한 뒤 성간 물질이 모여 원시별이 만들어지고 원시별이 수축되면서 갖추는 모양도 구다. 구의 모양이 커지고 부피가 늘어날수록 핵 부분이 점점 딱딱해져 결국 핵융합이 일어나면서 에너지를 방출하게 되면 원시별은 회전하기 시작한다. 회전하는 원시별 주위로는 띠 같은 가스와 우주먼지가 모여 움직이게 되는데 이들도 원운동을 시작한다.

긴 세월이 지나면 원시별은 수소가 헬륨으로 바뀌면서 열을 방출하는 태양이 되고, 우주 먼지의 원반 속에서 돌면서 뭉친 물질 가운데 상대적으로 에너지가 약한 집합체가 원시행성을 이루어 태양 주변을 돌게 된다.

지구가 속해 있는 태양계처럼 어떤 항성계가 만들어진 결과를 보면 주인공의 모습은 모두 같다. 속이 꽉 차 있는 공 모양이다. 태양도 그렇고 지구도 그렇고 달도 그렇다.

우주 공간에서 생활하는 우주인들이 우주 공간에서 비누로 방울을 만들면 완벽한 구형이 된다.

우주와 세상을 지배하는 원초의 모양은 결국 '구'라는 결론이다.

———

별 모양인 구는 완벽한 모양

'구'는 완벽한 모양의 완성체다. 그렇다면 구는 어떤 특징을 지니고 있을까? 깊이 생각할 필요도 없다. '반복'과 '대칭'과 '균형'이라는 3가지다.

우선 반복. 까고 까도 끝이 없는 양파를 닮은 러시아의 마트료시카 인형처럼 2차원의 공이 겹겹이 쌓여 구로 형성됐다고 보면 반복의 완성체는 구라고 할 수 있다.

대칭의 모습도 완벽하다. 어느 방향에서 봐도 같은 모습이고, 절반으로 나눠 봐도 똑같은 모양을 보이니 대칭의 모습도 완벽하다.

가장 큰 특징은 균형 감각이다. 한마디로 완전무결하다. 어느 한 점, 한 부분에 치우치지 않고 완벽하게 모양과 힘이 균형을 이루고 있다. 완벽한 균형은 대칭과 반복된 모습이 완벽해야만 가능한 모습이다. 이 같은 모양은 우주에서 오직 구밖에 없다.

따라서 완벽한 모양의 구는 마치 우주의 질서를 말해 주는 대변자라고 해도 과언이 아니다.

앞에서 우주의 탄생과 움직임에 관해 설명한 소강절, 김일부, 최석기의 주장은 우주간의 만물이 서로 동일한 패턴이 있는 것끼리 상응한다는 상관사유(相關思惟)에서 나왔다.

시간의 세계나 물질의 세계나 모두 크고 작음을 떠나 동일한 패턴 위에서 주기를 만든다는 이론이다. 세 사람의 주장을 자세히 보면 모두 12, 60, 360이라는 숫자가 반복되고 있음을 알 수 있었다.

또한 반복되는 숫자는 더 큰 반복 숫자의 속 또는 밖에서 다시 존재한다. 서양에서 말하는 척도불변성(Scale invariance)으로 멀리서 보나 가까이에서 보나 같은 모양이란 얘기다.

결국 소강절, 김일부, 최석기의 주장은 구의 모양과 움직임 등 구의 본질을 완벽하게 알았기 때문에 나올 수 있는 이론이었다.

———

원운동은 우주의 기본 운동

상관사유로 또다시 생각할 수 있는 건 바로 구의 변형에 관한 얘기다.

구는 속이 비면 공이 된다. 구를 자르면 원반이 되고 테두리만 살펴보면 원이 된다. 우리가 시공간까지 포함된 우주의 완벽한 구를 그릴 수는 없지만 3차원의 구, 2차원의 원반, 1차원의 원운동은 누구나 알 수 있는 사실이다.

흔히 소용돌이 모양을 얘기하지만 사실 우주의 모든 구는 소용돌이 모양으로 움직이고 있는지도 모른다. 지구도 태양계 안에서는 원운동 또는 타원운동을 하지만 태양계 전체는 어떤 다른 큰 운동의 일부로 작동하고 있지는 않은가. 그렇게 보면 소용돌이도 소용돌이 속에 들어가 있는 개미의 눈으로 보면 우리가 태양계의 움직임을 예측하는 것과 같을 수 있다. 소용돌이도 원운동의 하나라는 얘기다.

따져 보면 우주는 온통 원운동의 변형일 뿐이다.

빅뱅 후 우주의 모양도 결국은 원운동이다. 블랙홀에서 화이트홀까지 시공간은 분명 연결돼 있지만 연결 고리의 모양도 구나 원의 모양일 수밖에 없다.

우주 속에 존재하는 모든 별 가운데 사각형이나 삼각형으로 운동하는 경우는 없다. 모두 원운동뿐이다.

결론을 말한다면 우주의 원초 모양은 구다. 그리고 구에서 발생한 에너지가 주변의 모든 걸 구운동과 원운동으로 연결시킨다.

이 얘기는 우주의 모든 운동법칙은 원과 구를 닮고 그건 바로 연속성을 지니고 있다는 얘기와 같다. 그리고 한 바퀴 돌아 제자리로 돌아온다는 얘기는 시공간은 영원할지 몰라도 우리가 알고 있는 물리적인 세상만큼은 무한 형태(열린 시공간)가 아니라 유한 형태(닫힌 시공간)의 세계라는 얘기다.

우리가 오감으로 느낄 수 있는 모든 세계는 닫혀 있는 운동을 하고 있는 것이다.

02/5
무한 우주와 유한 지구

닫힌 곳에서는
패턴이
발생한다

구의 모양은 무한 확장성을 지닌다. 크거나 작거나 모양
은 항상 같다.

그런데 우리 눈에 보이는 구 모양의 별과 원운동은 모두
유한계(닫힌)에 존재하고 있다.

우리 눈에 보이는 세계가 무한이냐 유한이냐는 논란의
여지가 있다. 그러나 시공간은 무한할지 모르나 적어도
인류는 '찰나의 시공간'을 살 뿐이며, 여기에 우리가 거주
하는 물리적 공간도 아직은 인류가 벗어나 보지 못했으
므로 유한계라고 해도 틀린 말은 아니라고 볼 수 있다.

더 크게 보면 유한계가 모이고 이어져서 무한계가 만들어
진다고 할 수도 있다.

아무튼 우주의 시간으로 보면 찰나에 잠깐 존재하는 인
류와 지구는 유한계로 봐도 무방하다.

지구의 생물을 지배하는 에너지는 중력과 태양

이처럼 '지구와 인간은 유한계 속에 살고 있다'는 걸 정의하고 세상을 보면 매우 중요한 것들이 보이고 생각도 바뀌게 된다.

유한계의 절대적인 특징의 하나는 '패턴'이 생기고 지속(인간의 시공간 감각의 한계)해서 존재한다는 점이다.

눈을 지구로 돌려보자. 단 생명체가 존재하기 위한 전제 조건인 물과 공기가 존재하는 현 시점의 지구에 한해 생각해 보자.

지구의 생명체를 지배하는 에너지는 두 가지다. 중력과 태양이다.

중력의 지배를 받지 않는 생명체는 지구상에 없다. 중력은 지구상의 모든 생명체를 대상으로 삶과 성장에 영향을 준다. 그리고 어느 정도 크기가 있는 육지와 바다의 생물들은 중력에 견디기 위해 척추와 같은 뼈를 지니게 됐다.

또한 모든 동물은 중력에 견디기 위해 위로 갈수록 좁은 삼각형 모양을 하고 있다. 짐승도 옆에서 보면 길게 보여도 앞에서 보면 등 쪽이 좁고 아래의 네 발이 좌우로 벌어진 삼각형 모양이다. 심지어 태초부터 존재한 산이 아닌 대륙 이동과 지각 변동 등에 의해 융기해서 새롭게 만들어진 산일수록 위로 갈수록 더욱 뾰족해진다.

태양은 중력보다 더 중요한 역할을 한다.

태양으로 인해 지구에는 낮과 밤이 생겼다. 더불어 생명체에게도 성장과 휴식이 생겼다. 지구 입장에서 정확하게 표현하면 태양으로 인해 지구에는 태양을 향한 쪽과 반대쪽이 생겼다.

태양이 비치는 쪽은 생(生)의 작용을 하지만 태양이 비치지 않는 반대쪽은 사(死)의 작용을 한다. 다행스럽게 지구가 자전운동을 하게 되면서 반대쪽의 사(死)는 휴(休)가 되어 지구상의 생물은 휴식을 취할 수 있게 됐다.

남극처럼
추운 곳에서도
펭귄이 살 수
있는 건 태양
덕분이다.

중력과 태양이 오행을 만들었다

중력과 태양이 중요한 역할을 하면서 지구에는 어떤 변화가 생겼을까?

바로 음양과 오행의 움직임이다.

그런데 음양에 대해서는 오해가 있다. 마치 낮과 밤, 남자와 여자 등을 음양의 대표 사례로 보는 견해가 지배적이다. 그러나 음양은 그냥 패턴화한 단어일 뿐 실제로 정확한 표현은 '서로 다른 A와 B'가 정확한 표현이다.

따라서 딱딱한 바위와 푸석푸석한 바위로 부를 수 있는 흙도 음양의 하나이며, 바다와 계곡의 물도 음양의 하나가 될 수 있다. 생물체도 동물과 식물을 음양으로 볼 수도 있고, 동물을 지배하는 사람과 사람의 지배를 받는 기타 동물도 음양으로 볼 수 있다. 이처럼 음양이란 어느 한쪽의 기준에서 상대되는 개념을 가리키는 말이다.

오행(五行)은 중력과 태양이 생기면서 벌어진 변화를 5가지의 큰 물질로 정리한 것이다.

동양에서 말하는 오행은 바로 목화토금수(木火土金水)로 각각 나무, 불, 흙, 금속(열매), 물을 의미한다. 실제로 중력과 태양의 지배를 받는 지구의 모든 구성물은 나무(숲), 불(온도), 흙(땅), 결실(열매), 물(습도)로 이루어졌다. 우리 주변을 둘러봐도 이들 5가지에 속하지 않는 건 없다. 그리고 이들 5가지는 상생(相生)으로 순환한다.

목화토금수가 서로 살려 주는 상생의 흐름이란 건 아주 쉽게 알 수 있다.

나무(木)가 우거지면 밀도가 높아져서 자연스럽게 나뭇가지끼리 부딪치게 되어 불(火)이 난다. 산불이 나면 그 숲은 재가 되어 다시 흙(土)으로 돌아간다. 이 같은 방식이 계속되면 흙은 다져지고 단단해진다. 그렇게 되면 흙 속에서는 마치 태초의 우주처럼 딱딱해지는 게 생기고, 그게 바위나 금속(金)이 된다. 그런데 그 금속이 오랜 시간 땅 속에서 더 굳어지고 딱딱해지면 열이 발생하게 되어 딱딱한 물체는 결국 녹아서 액체(水)로 변한다. 땅 속에 물이 생기면 땅 위에서는 나무가 다시 자라게 된다. 목-화-토-금-수의 상생 고리는 이처럼 지구가 살아가는 방식을 표현한 것이다.

———

60가지 간지는 지구가 유한계라는 증거

동양의 지식인들은 이미 옛날부터 음양과 오행의 이치를 알고 있었다. 따라서 이 같은 흐름을 읽고 천간(天干) 10개와 지지(地支) 12개를 엮어서 60개의 간지를 만들어 활용했다.

천간은 지구 밖의 흐름으로 역시 목화토금수로 이뤄져서 갑을(甲乙/목), 병정(丙丁/화), 무기(戊己/토), 경신(庚申/금), 임계(壬癸/수)로 각각 부른다.

물론 지구 밖의 흐름을 지구로 끌어들인 방식이어서 갑을은 목(木) 기운과 같은 생기, 병정은 태양과 별 또는 달, 무기는 성간 물질과 에테르, 경신은 소립자나 우주선(ray) 또는 철과 같은 물질, 임계는 생명이 탄생할 수 있는 근거 또는 습기를 각각 말한다.

지지는 말 그대로 지구에 관한 얘기다.

지구는 지축이 기울어져 있어서 날씨의 변화가 생물체에 큰 영향을 미친다. 따라서 계절을 구분하여 12지를 만들었다. 인묘진(寅卯辰/목/봄)-사오미(巳午未/화/여름)-신유술(申酉戌/금/가을)-해자축(亥子丑/수/겨울)인데 사람들이 알기 쉽게 각각 동물을 접목시켜 띠로 만들어 널리 알렸다.

지지에는 특징이 있다. 토가 봄, 여름, 가을, 겨울 뒤에 붙어 있다는 점이다.

진미술축이 주인공인데 계절이 확 바뀌지 않고 앞 계절의 기운을 뒤로 연결하는 역할을 한다고 보았다. 그럴 수밖에 없는 것이 정상의 판단으로는 하지 때인 6월21일이 해가 가장 길으니 가장 더워야 하는 게 맞다. 그러나 실제로 가장 더운 때는 7월 중순부터 8월 초까지 약 20일간이다.

이는 뭘 의미할까. 땅이 태양의 기운, 즉 온도를 품고 있다가 서서히 방출하기 때문이다. 반대로 동지(12월22일) 때 지구가 가장 추운 게 아니라 1월 하순이 가장 추운 이유가 바로 땅이 서서히 태양에 반응해 식고 있기 때문이다. 즉 계절 사이에 4가지 성질의 토(土)를 두어 다음 계절로 넘어가는 중간 단계를 만든 것이다. 따라서 12지는 천간이 10개인데 비해 토가 2개 더 많아 12개가 된 것이다.

천간과 지지를 엮어 만든 것이 바로 60개 간지다. 동양의 지식인들은 갑자(甲子), 을축(乙丑), 병인(丙寅)의 순으로 계해(癸亥)까지 60간지를 만들었다. 그리고 이 흐름은 지속해서 순환한다고 보았다.

60갑자로도 불리는 간지가 만들어졌다는 건 어떤 의미가 있을까. 바로 유한계의 지구에 패턴이 존재하고, 그 패턴은 반복되는 성질을 지녔다는 얘기다.

반복, 대칭, 균형의
3대 원칙

우주를 구성하는 원초의 모양은 구(球)라고 앞에서 밝힌 바 있다. 그리고 구가 지닌 특징 세 가지로 반복, 대칭, 균형을 꼽은 바 있다.

그렇다면 반복·대칭·균형은 우주나 지구에 얼마나 많이, 어떤 형태로 존재하고 있을까?

결론부터 말하면 우주와 지구의 모든 부분은 반복·대칭·균형의 세 가지 법칙으로 이뤄졌고, 이 법칙에 따라 운동하고 움직이고 있다고 해도 과언이 아니다.

마치 공기처럼 인류의 탄생부터 지금까지 같은 모습으로 곁에 있었지만 단지 우리가 무지하여 느끼지 못하고 있었을 뿐이다.

이에 대해 동양 사람들이 많이 아는 시(詩)를 소개해 본다.

송하문동자(松下問童子) 언사채약거(言師採藥去)
지재차산중(只在此山中) 운심부지처(雲深不知處)
(소나무 아래서 동자에게 물으니 스승은 약초 캐러 가셔서
산 속에 계시건만 구름 짙어 어디 계신지 모른다고 대답하누나)

당나라 시대의 시인 가도(賈島, 779~843년)의 시 '심은자불우(尋隱者不遇)'다.

갑자기 가도의 시를 내세운 이유는 우주와 지구를 정의하는 법칙이 공기처럼 오랜 기간 가까운 데 있었다는 걸 강조하기 위함이다.
우주와 지구를 정의하는 법칙은 반복, 대칭, 균형의 세 가지다.
그런데 사람들은 혹시 다른 그럴듯한 게 있지 않을까 찾아 다녔다. 시에서 보듯 산중에 있다면 아주 가까운 곳에 있는 것이고, 비록 구름에 가려 있고 계곡이 깊어 미처 못 찾았을 뿐이지만 여전히 가까운 곳에 있는 것이다.

지구의 역사, 기후도 반복한다

정말 반복, 대칭, 균형이 세상 곳곳에 만재하고 있을까?
반복되고 있다는 건 시스템이 살아 있다는 건강한 증거다. 지구에는 매년 봄, 여름, 가을, 겨울이 찾아온다. 꽃은 피었다 지기를 반복한다. 사람을 포함한 동물과 식물은 생을

마감하기도 하지만 중간에 2세를 통해 종족을 계속 번식한다.

긴 기간으로 따져 봐도 지구의 빙하기는 지금까지 수만년에 한 번 계속 반복되고 있다. 우리 세대에서 못 봤을 뿐 2만년 이후의 후세들은 빙하기를 겪으며 살아남아야 할지도 모른다.

지구 밖으로 눈을 돌려봐도 달은 현생 인류의 할아버지의 할아버지의 할아버지 때부터 매일 밤 떠오르고 졌다. 규칙적으로 보름달이 됐다가 초승달도 된다.

동양에서는 지구가 12만9600년만에 개벽을 하고 새롭게 처음의 모습으로 다시 출발하는 무한 반복을 한다고 했지만 마야의 현학자들은 5135년만에 지구가 한 번 새로운 시대를 반복한다고 주장했다. 마침 마야 최후의 달력이 기원전 3114년 8월13일에 시작했기에 1872만2000일이 되는 2012년 12월21일에 지구가 멸망한다는 해프닝도 있었다. 그러나 반복이라는 규칙으로 본다면 지구는 절대 멸망하지 않는다. 인류가 쇠하고 다른 문명이 일어서는 반복된 역사는 있을지언정 망할 수는 없다.

———

대칭은 살아남기 위한 진화에서 탄생

대칭은 만물을 규정짓는 중요한 요소다. 사람의 얼굴과 몸, 네 발 달린 동물의 좌우가 모두 대칭이다. 바다나 강 속의 물고기는 눈과 좌우 지느러미가 육상동물보다 더 대칭에 가깝다.

대칭형 동물에는 방사형과 5방사형이 있지만 '대칭'이라는 결론은 변하지 않는다.

방사형 모양의 생물은 지구 초창기 또는 조금 지나서 등장했다. 해파리나 히드라는 방사형 대칭 구조로 된 생물을 대표한다.

초기 생물들은 조금 더 진화하면서 방사형에서 조금 변형됐다. 5방사 대칭 생물이 등장한다.

5방사 대칭 생물은 성게와 불가사리처럼 특이하게 5갈래로 방향이 잡혀서 정착된 생물이다. 아무리 물속에서 압력이 전달되는 방향이 위와 아래, 좌우 구분이 없다고 해도 4방이나 6방이 아닌 5방사 대칭 생물이 등장한 건 특이한 현상임에 틀림없다. 물론 5방사 대칭도 좌우로 나눌 수 있다.

5방사 대칭 생물은 현재 물속에서만 존재한다. 땅에 사는 동물에는 없다. 다만 사람의 손과 발에 5의 흔적이 남아 있을 뿐이다.

생물이 바다에서 땅으로 올라와 살게 되면서 대칭은 좌우로 정착된다.

땅 위에서 대칭은 철저하게 짝수다. 두 발과 두 손이 그렇고, 동물의 경우 4발과 8개 또는 12개 등 짝수의 다리를 지니게 된다. 또한 대부분 중력 탓에 긴 쪽을 중심으로 하여 양쪽으로 나뉘어서 양쪽 모양이 같게 된다. 중력의 방향에 따라 형성된 장축에는 척추와 소화기관 등 다소 긴 장기가 위치하여 생명을 이어가기 편하게 진화했다.

좌우 대칭이 생물의 세계를 접수한 건 진화생물학에 따르면 철저한 생존경쟁의 결과다. 생물은 스스로도 좌우 대칭이 땅 위에서 이동할 때 유리하다. 몸의 균형을 잡기 편하기 때문이다. 이동에 편하다는 건 천적으로부터 도망치기 유리하다는 얘기다. 게다가 좌우 대칭은 아름답다. 그래서 짝짓기에도 도움이 되고, 꽃의 경우 벌이나 나비를 유혹하기에 편하다.

물질을 이루는 기초 입자도 대칭 모습이다.

탄소(c) 1개와 수소(h) 4개로 이뤄진 메탄의 구조를 보면 일부러 대칭을 만들기 위해 수소 4개의 안쪽에 109.5도의 각도로 탄소가 중심에 숨어 있다. 어느 방향에서 봐도 완벽한 대칭이다.

균형은 대칭과 안정의 다른 말

균형은 대칭의 다른 말이기도 하다. 얼굴 좌우가 똑같은 건 균형을 맞추기 위해서이고 손과 발이 양쪽으로 있는 것도 균형을 위해서다.

바닷가에서 모래성을 쌓으면 아래를 넓게, 위를 뾰족하게 해야 오래 동안 무너지지 않는다. 균형이 잘 잡힌 모양이기 때문이다. 피라미드가 비바람에도 수천년을 붕괴되지 않고 내려온 것도 좌우, 심지어 동서남북 모두 균형 있는 대칭으로 만들었기 때문이다.

균형은 안정의 또 다른 이름이다.

균형이 깨지면 폭발과 사고가 발생한다. 달이 궤도를 이탈하는 사태가 발생하면 지구는 자전과 공전 궤도에 큰 변화가 생길 것이다.

주돈이의 태극도에서 무극에서 태극으로 가는 과정을 빅뱅으로 표현한 바 있다.

빅뱅은 사실 균형이 깨졌기에 발생한 일이다. 그리고 어마어마한 사건은 금세 균형을 찾아가는 방식으로 잊어진다. 빅뱅의 순간은 10의 −36승초에 불과한 찰나의 순간이지만 이후 지금까지 '138억년'의 긴 시간은 깨진 우주가 균형을 잡아 가는 과정이다.

지구는 균형 잡기의 귀재다. 전체 평균기온을 맞추기 위해 북반구가 추우면 남반구가 따뜻해진다. 시소 현상(seesaw)은 대표적이다. 적도를 중심으로 위아래에서 발생하는 시소 현상은 적도 위쪽에 비가 많이 오면 대신 적도 아래쪽이 비가 적게 오는 걸 말한다. 물론 그 반대의 경우도 있다. 이는 바로 적도 주변 습기의 균형 맞추기 가운데 하나로 볼 수 있다.

지구의 바다에도 거대한 균형 잡기가 존재한다.

북반구의 차갑고 짠 바닷물과 다소 따뜻하고 싱거운 바닷물은 태평양과 대서양을 오가며 거대한 뫼비우스 띠 모양으로 이동하면서 바닷물의 균형을 잡아 준다. 마치 생산 현장에서 컨베이어벨트가 움직이듯 바닷물은 지구를 두세 바퀴 돌 만큼 긴 거리를 돌아다

니면서 바닷물의 염도와 온도를 맞춘다.

이 같은 모든 현상에 인류는 '자연'이라는 단어를 앞에 붙인다. 이런 현상이 자연스럽게 일어난다는 얘기는 바로 균형을 찾아가는 자체가 바로 우주와 지구를 움직이는 법칙이라는 증거다.

———

평행 우주에 또 다른 내가 있는가?

최근에는 대칭 우주 얘기도 있다. 평행우주론으로, 또 다른 내가 우주 저쪽에 살고 있다는 이론이다.

평행우주론의 권위자인 미국 매사추세츠공대(MIT)의 맥스 테그마크 박사는 4개의 평행 우주가 겹겹이 존재한다고 주장한다. 이 이론에 따르면 지구에서 글을 쓰고 있는 내가 미처 보지 못하는 우주 저편 어느 영역에 똑같이 존재한다는 것이다.

따지고 보면 우리가 보는 우주는 빅뱅 후 138년간 빛이 지구에 도달한 시공간에 불과할 뿐이다. 우주에도 지평선이 있어 시공간의 영역을 초월해 볼 수 있다면 '쌍둥이 지구와 쌍둥이 나'라는 존재가 실제 존재하는지 여부를 확인할 수 있다.

테그마크 박사의 주장에 따르면 지구가 속한 우주계와 똑같은 우주계가 수없이 많다고 한다. 이를 레벨1, 레벨2, 레벨3, 레벨4라고 부르는데 이 모습이 각각 개인, 도시, 국가, 지구를 이루는 모습과 닮았다는 것이다. 마치 세포 내에서만 느끼고 존재하는 한 미생물이 옆 세포에 어떤 다른 존재의 미생물이 있다는 걸 모르고 사는 것과 같다.

테그마크 박사는 쌍둥이 지구가 있는 곳을 계산했다면서 10의 10승의 118승m의 거리에 존재한다고 주장한다. 그리고 레벨4의 평행우주로 가면 시공간의 벽에 뚫려 있는 웜

홀을 통해 복제된 것과 같은 우주도 탄생할 수 있다고 덧붙였다.

테그마크 박사의 평행우주 이론은 대칭, 균형, 반복의 법칙과 정확하게 일치한다.

동양의 우주철학으로 접근해도 결과는 비슷하게 나온다.

무극에서 태극으로 넘어가면서 빅뱅이 생겼다. 그리고 음양이 생기고 나서 오행이 생겼다. 그런데 현재 우주에는 오행은 있는데 음양은 보이지 않는다.

아직 인류가 우주에 관해 아는 건 3~4%정도밖에 안 된다. 나머지 96~97%는 암흑 물질이다. 그러나 암흑 물질이 무엇인지에 대해 인류는 전혀 밝혀 내지 못하고 있다.

동양철학 접근법에 따르면 암흑 물질도 음양으로 나뉘어 있는 게 확실하다. 그리고 지구처럼 물질로 이뤄진 현실 세계는 암흑의 음양(陰陽)이 서로 밀고 당기면서 만들어진 물질로 이뤄졌다고 본다. 그렇게 보면 지구나 태양계는 암흑음양이 서로 합의해서 만들어 낸 작품이 된다. 만일 여기에서 어느 한쪽, 즉 음양의 균형이 깨지면 주변의 보이지 않는 96~97%의 암흑음양이 균형을 맞춰 현실 세계를 유지하는 것이라고 볼 수 있다.

예를 들면 현재 지구처럼 지축이 기울어져서 수(水)의 기운이 세지면 암흑음양은 암흑 에너지로 화(火)의 기운을 북돋아 지구의 균형을 맞추는 방식이다. 따라서 현재 지구온난화는 필연의 순서로 해석할 수 있다.

음양이론을 달리 적용하면 현재 우리가 살고 있는 현실 속의 우주, 태양계, 지구를 양이나 음이라고 한다면 반대 개념의 현실 속의 우주, 태양계, 지구가 각각 존재할 수도 있다. 왜냐하면 우주가 균형을 이루려면 대칭이어야 하기 때문이다.

육각형은 질서의
산물인가

유한의 세계에는 반복, 대칭, 균형의 3가지 법칙이 존재함을 밝힌 바 있다.

그렇다면 유한계에 속해있는 물질, 운동, 시공간에 이 3가지 법칙을 적용한다면 이 또한 어떤 규칙적인 모양을 만들 수밖에 없다. 이건 자연스러운 이치다.

여름이 되면 태평양에는 태풍, 대서양에서는 허리케인이 발생한다. 이 둘은 똑같이 회오리모양으로 탄생해 비구름을 만들어 큰 비바람을 뿌린 뒤 육지로 들어가 사멸한다. 그런데 욕조에 물이 빨려 나가는 모양은 태풍과 너무 닮았다. 그리고 또한 달팽이의 껍질이나 산양의 둥글게 휘어지는 뿔과도 너무 닮았다. 분명 우연은 아닐 것이다.

육각형, 지구 눈송이와 토성 북극 동시 존재

'규칙적인 모양'을 떠올리면 가장 오래되고 많은 연구가 이뤄진 것이 눈송이의 결정 모양이다.

얼음핵에 물 분자들이 달라붙어 만들어내는 눈송이 결정은 1637년 프랑스의 철학자인 데카르트가 '기상학'이란 책에 눈송이 결정구조의 삽화를 많이 그려 넣으며 널리 알려지게 됐다. 이후 사진기가 발명되면서 사진으로 찍은 눈송이만 넣은 책까지 잘 팔릴 정도로 인류에게 과학의 신비를 자연스럽게 알려준 모범생이기도 했다.

미국의 과학자 케네스 리브레히트는 '눈송이의 비밀'이란 책을 내며 '눈송이는 하늘에서 내려오는 신성한 문자'라고 표현했을 정도다.

여전히 인류에게 눈송이의 모양은 신비스럽기까지 하다.

눈송이의 결정은 자연에 존재하는 경우 육각형인 경우가 많다.

육각형은 물론 대칭이다. 그러나 같은 육각형이라도 지역의 기후와 물의 온도에 따라 모양은 천차만별이다. 그래서 더 신비스럽고 매력있는 모습이다.

그런데 육각형은 우주에서도 발견된다. 우주라고 하면 주로 '원, 타원, 구' 같은 단어만 생각이 나는데 육각형이라니.

토성의 북극에 육각형의 구름이 존재한다는 사실은 잘 알려졌다. 토성 탐사선 카시니가 찍은 사진에는 뚜렷하게 육각형의 구름이 보인다. 물론 어떤 때는 육각형이라고 하기보다는 '모서리를 가진 다각형'이란 표현이 더 어울려 보이기도 하지만 육각형이라는것에 이견은 없다.

과학자들은 토성의 육각형 구름을 태풍의 하나로 보고 있다. 지구 상의 태풍은 원형의 회오리 모양인데 액체의 성질이 다르면 모양이 달라질 수도 있다는 걸 보여 주고 있다.

토성의 육각형 구름은 면적이 무려 지구 표면의 2배보다도 크다. 즉 지구의 태평양이나 대서양에서 발생하는 태풍이나 허리케인 수만개를 합친 것보다도 큰데 여기에 북극지방이라는 점과 크기가 커지면 힘도 커지는 걸 감안하면 변형된 원형, 즉 모서리를 가진 다각형이 나타날 수는 있다.

육각형이 우주의 액체 덩어리의 움직임에서 자주 나타나는 형태란 건 이로서 증명이 된 셈이다.

———

동양에서 물은 1, 6의 숫자

재미있는 사실은 육각형을 의미하는 '6'이란 숫자는 동양에서는 물의 숫자로 옛날부터 쓰였다는 사실이다.

오행, 즉 목화토금수중 수를 대표하는 숫자는 '1, 6'이다. 기원전 중국의 오래된 한시에 이미 눈송이가 6각형이라고 써 있을 정도였다. '1'이란 숫자도 아주 연관이 없지는 않다.

일본의 물리학자로 세계 최초로 인공 눈송이결정을 만든 나카야 우치치로(中谷宇吉郎, 1900~1962년)가 실험을 한 바에 따르면 눈송이 결정모양은 온도에 따라 변화가 있는 것으로 밝혔다. 지구의 평균이라는 일상적인 겨울날씨 온도에서는 육각형의 판 모양이 되지만 온도가 떨어져 영하 3도에서 영하 5도 사이가 되면 어느 순간 눈송이 결정은 기둥 모양으로 바뀐다. 그런데 기둥은 속이 비었거나 채워져 있는데 모양은 완벽하게 '1'이다. 온도가 더 내려가면 다시 판 모양이 됐다가 이후에는 기둥과 판 모양이 함께 나오는 실험이었다.

아무튼 동양에서 1과 6을 물의 숫자로 보았는데 묘하게도 눈송이 결정은 육각형이나 긴 막대의 모양으로 나타났다.

3, 8은 나뭇가지가 올라가는 모양새

동양에서 목(나무)의 숫자는 '3과 8'이다. 그런데 이 숫자도 나무의 성장 모양과 관계가 있다. 나무에 관해 다빈치 법칙이란 말이 있다. 중세 인류 최고의 융·복합형 인간인 그는 나무와 물결의 흐름 등을 연구한 과학자이기도 했다.

다빈치 법칙에 따르면 나무는 처음에 가지가 나올 때 2가지 형태를 보인다.

기존의 중심줄기가 어느 시점에 휘어지면서 중줄기가 적당한 각도로 반대편으로 성장하는 방식과 중심줄기는 위로 계속 성장하면서 중심 줄기의 양쪽 또는 사방, 팔방으로 새끼 가지가 나오는 방식이다.

전술한 방식은 물줄기가 갈라지는 모양으로 3을 떠올리게 한다. 그리고 후술한 방식은 나뭇가지가 4의 배수로 성장하게 된다. 따라서 5 이후에 나오는 숫자 중 목의 숫자를 고르라면 8밖에 없다.

나무에 관한 다빈치의 법칙을 보면 '균형'이란 단어를 떠올리게 된다.

가지가 갈라지며 성장하는 모습은 철저하게 균형을 이루는 모양새다. 만일 그렇지 않고 중구난방으로 가지치기를 한다면 나무는 성장하면서 한쪽으로 기울며 쓰러질 수밖에 없다.

나무와 달리 중력이 조금 미치는 곳에서도 비슷한 모양은 등장한다. 바로 번개나 광물 속에 숨어 있는 모수석이 그 주인공이다. 이들 모양은 큰 줄기가 있고 그 주변으로 작은 가지가 수없이 많은 가지치기로 등장한다. 모수석은 동양에서는 수석 취미의 하나로 인식되지만 정확하게는 그냥 광물일 뿐이다. 번개와 모수석과 같은 패턴은 전기방전 패턴을 연구한 과학자의 이름을 따 리히텐베르크 무늬(lichtenberg figure)로 불린다.

지구는 남녀의 성비에서도 균형을 강요한다.

인구통계학으로 접근해 보면 여성 100명당 남자의 비율은 자연 상태에서는 103~107명이다. 남자가 많은 이유는 살아가면서 여성보다 더 많은 위험에 노출되기 때문이다. 그러나 전쟁과 같은 재해가 발생하면 묘하게 신생아 가운데 남아의 비율이 급격하게 높아진다.

인간도 이럴진대 양성을 지닌 다른 동식물의 경우도 거의 비슷할 게 확실하다.

———

프랙털은 랜덤같은 자연을 패턴화한 것

지구상의 자연을 설명하는 단어중 프랙털(Fractal)처럼 신비스러운 건 없다.

프랑스의 브누아 망델브로(Benoît B. Mandelbrot 1924~ 2010)가 1975년 처음 사용한 단어로 그가 2년 뒤 '자연의 프랙털 기하학(The Fractal Geometry of Nature)'이란 책을 내며 널리 알려지기 시작했다.

프랙털은 자연에 그려진 패턴을 형상화했다는 데 의미가 있다. 울퉁불퉁한 해안선이나 유체 속에서 나선형으로 꼬이는 소용돌이 줄기, 식물의 가지치기 등 다양한 방면에 숨어 있는 프랙털을 찾아 형상화했다.

이후 인류는 프랙털이라는 패턴이 자연계에 존재한다는 사실을 알게 됐다. 사실 프랙털을 패턴화하기 이전까지는 지구의 자연과 해안의 불규칙적인 모양을 대부분 랜덤에 의해 형성됐다고 믿기도 했다.

프랙털은 1980년대 후반부터 불기 시작한 컴퓨터 그래픽의 영향으로 프랙털이라는 패턴은 인류의 패션, 예술 등 생활 속까지 침투했다.

변종의 범위, 비율도 필연적인 패턴

육각형이나 나선형, 프랙털 등이 지구에서 어느 정도 일정한 법칙을 가지고 만들어진다는 사실은 증명이 됐다.

그러나 때로는 자연에서 범위를 벗어나는 변이도 존재한다는 사실을 잊어서는 안된다.

예를 들어 눈송이의 대부분은 판 모양의 육각형과 기둥 모양이지만 온도와 물의 성질에 따라서는 삼각형도 종종 나오곤 한다.

마치 대부분 세잎인 토끼풀 밭에서 가끔 네잎 클로버가 보이는 것과 같다.

일반적인 형태나 상황에서 벗어난 변종도 상당하다. 정확한 통계는 없지만 지구가 기울어져 있는 만큼의 비율만큼은 변종이 생기지 않을까?

정확하게 따져보면 변종의 범위나 종류도 우주까지는 아닐지라도 지구가 가지고 있는 패턴의 일부라고 볼 수 있다.

10진법과 피보나치 수열의 관계

숫자는 인류가 만들어 낸 가장 오래된 패턴인지도 모른다.

인류는 숫자를 발명함으로서 머릿속 개수 세기를 더하기, 빼기, 곱하기 등 사칙연산의 영역까지 끌어올렸다. 한마디로 숫자는 인류의 위대한 발명품이자 관념을 패턴화하여 성공한 대표 사례다.

―――

'3, 8'–'2, 7' 등 순으로 숫자도 회전할까

혹시 반복, 대칭, 균형 등 세 가지 법칙으로 벌어지고 있는 우주와 지구의 패턴 영역도 수치화할 수 있을까.

동양의 음양오행에는 숫자가 연결돼 있다.

목은 '3과 8', 화는 '2와 7', 토는 '5와 10', 금은 '4와 9', 수는 '1과 6'이다.

만일 세상살이가 목화토금수로 상생한다면 이 세상의 숫자도 '3, 8'–'2, 7' '5, 10'–'4, 9'–'1, 6'의 순서로 순환될 수 있다고 가정할 수 있다. 물론 오행이 운행하는 데는 다양한 변수가 있어서 꼭 앞의 방식대로 운행하지는 않는다. 예를 들어 지지의 영향보다 천간의 영향이 더 크다거나 인간사와 상관없으니 토를 빼고 계산한다거나 하는 다양한 조건이 변화를 줄 수 있다.

목화토금수는 상생의 순서이고, 변화의 순서를 따지면 목화금수 4개로도 충분하다. 이 때는 토를 빼거나 토를 음양으로 나눠서 목금에 5, 화수에 10을 각각 붙이는 방식도 있다. 토를 나누게 되면 변화의 순환은 '3, 8, 5'(목)-'2, 7, 10'(화)-'4, 9, 5'(금)-'1, 6, 10'(수)의 순서로 변화하게 된다.

———

피보나치수열이 자연을 지배한다

현재 다양한 방면에서 적용되는 지구의 수학식 패턴은 '피보나치수열'이다.

1100년대 이탈리아의 수학자인 레오나르도 피보나치(Leonardo Fibonacci, 1170~1250 추정)는 앞 숫자를 계속 더했을 때 어떤 수열이 나오는가를 연구했다.

1, 1, 2, 3, 5, 8, 13, 21, 34… 등이 나오고 그가 양쪽의 숫자 차이를 배율로 계산해 보니 1.618배 또는 0.618배가 나왔다.

중요한 건 이 피보나치수열을 나중에 과학자들이 지구의 자연을 공부하는데 적용해 보니 상당한 규칙성과 유사성이 발견된다는 사실이다.

예를 들면 꽃잎의 개수는 3, 5, 8, 13개의 비율로 많아진다. 과꽃과 치커리의 꽃잎은 21장, 질경이와 데이지는 34장이다.

동물세포의 미소관(Microtubules)은 세포 골격 유지에 매우 중요한 역할을 한다. 그런데 포유동물의 미소관에는 모두 13개의 기둥이 존재한다. 그 가운데 우선형이 5개, 좌선형이 8개로 각각 이뤄져 있다. 여기에 나오는 '5, 8, 13'은 피보나치수열에 등장하는 숫자들

이다. 더 재미있는 사실은 미소관이 가끔 이중으로 형성되는 경우가 있는데 그때의 기둥은 13의 두 배인 26개가 아닌 21개, 즉 피보나치수열에 등장하는 숫자의 개수가 등장한다는 점이다. 우연일까?

주가 오를 때 왜 0.618 배수일까

피보나치수열의 배수는 주식시장에서 더 잘 알려져 있다.

랠프 넬슨 엘리엇(Ralph Nelson Elliott, 1871~1948)이 1930년대 초에 발표한 엘리엇 파동이론은 주식시장의 주가그래프를 분석한 이론이다. 한 번 오르기 시작하면 세 번 오르고 두 번 쉬는 흐름을 반복한다는 이론이었다. 그런데 오를 때의 상승폭과 내릴 때의 하락폭이 바로 엘리엇 파동에서 말하는 피보나치 배율 1.618이나 0.618의 비율이다. 예를 들면 오늘 지수가 100이고 내일 오른다면 61% 오르거나 6.1포인트 오르는 경우가 많다는 얘기다. 물론 반대의 경우도 존재한다.

그러나 주식시장에서 엘리엇 파동이론에 따른 피보나치수열의 적용은 제한적이다. 왜냐하면 돈이 개입된 치열한 전쟁터이다 보니 역이용하는 전문가들과 프로그램 등이 등장해 결과물이 전혀 다른 모양의 그래프를 만들어 내는 경우가 많기 때문이다.

따라서 2000년대 이후로는 엘리엇 파동이론의 확률이 많이 떨어졌다는 평가도 있다. 그럼에도 피보나치수열을 이용한 엘리엇 파동이론은 지금도 수많은 마니아가 공부하고 주식 투자에 사용하고 있다.

———

'상승3파, 하락2파'의 이유는 지축 기울기 때문

엘리엇 파동과 관련된 수치 가운데 '상승3파, 하락2파'의 법칙은 동양에서 판단한 현재의 지구 움직임과 관련이 있어 흥미롭다.

음양오행 이론으로 보면 지구는 '삼천양지(三天兩地)운동'을 하고 있다. 이는 하늘이 3, 땅이 2의 역할을 한다는 이론이다. 다른 말로 풀이하면 '3양2음'이라고도 할 수 있다. 이는 엘리엇 파동에서 말하는 '상승3파, 하락2파'와 완전히 같다.

엘리엇도 파동을 연구하면서 '상승3파, 하락2파'의 이유에 대해서는 밝히지 못했다. 연구를 해 보니 그렇다 라는 결론만 내놓았을 뿐이다.

그런데 동양철학에서는 '상승3파, 하락2파'의 원인을 알고 있었다. 바로 지축이 기울어졌기 때문이다.

우주의 근본이 태극이라면 지구의 기준은 북극이다. 북극이 기울어지면 밤하늘을 비추는 별들의 모양과 위치도 달라지지만 지구의 적도와 태양의 황도 사이에 차이가 생기기 때문에 지구상의 모든 만물은 영향을 받을 수밖에 없다.

동양철학에 따르면 북극은 물로 이뤄져 있다. 주역에서는 감(坎)으로 풀이한다. 그런데 물의 근본이 동북 방향으로 기울게 되면서 물에 에너지가 생겨 나 태과(太過), 즉 물의 기운이 강한 현상을 띠게 됐다. 지구상에 수많은 동식물이 자라고 죽는 현상이 생긴 건 바로 물의 에너지가 왕성하기 때문이기도 하다.

물의 기운이 세다는 것은 반대로 불(火)의 기운이 약하다는 말과 같다. 따라서 삼천양지 운동이 자연스럽게 생긴 것이고, 지구상의 어떤 현상이나 '중력을 극복한 상승 또는 자라는 현상'이 강하게 된 것이다. 이 기운이 그대로 주식시장에 영향을 주게 되니 엘리엇 파동에서도 '상승3파, 하락2파'를 만든 것이다.

물론 그렇다고 항상 '양-상승'이 '음-하락'을 이기는 건 아니다. 지구는 균형 감각을 찾는 시스템으로 되어 있기 때문에 지나치게 양이나 상승의 기운이 세면 반대로 음과 하락의 폭이 깊어지게 돼 있다. 이때는 '상승3파'보다 '하락2파'의 폭이 더 커져서 장기적으로 그려 보면 하락 그래프가 나타나게 된다.

대칭 피보나치 0.382는 나선의 비밀숫자

피보나치수열과 관련되어 '대칭 피보나치 배율'도 생각해 볼 수 있다.

엘리엇 파동과 관련하여 그래프를 분석하다 보면 1.618이 아닌 0.382가 나타나는 경우도 많다. 따라서 주식시장에서는 이미 618뿐만 아니라 382라는 숫자도 엘리엇의 배율로 계산하고 있다.

그러나 정확한 표현으로는 '역(逆)' 또는 '대칭'이란 단어를 앞에 붙이는 게 옳다.

382라는 숫자는 1000-618이란 계산에서 나왔기 때문이다.

382라는 숫자도 자연 속에서 아주 많이 나타나는 패턴의 숫자다.

1754년 스위스의 식물학자 샤를 보네(Charles Bonnet, 1720~1793)는 '잎 순서 매김'(leaf ordering)의 비밀을 풀었다. 잎 순서 매김은 식물이 줄기를 중심으로 잎이 나는 순서를 매긴 것으로, 위에서 보아 줄기 주변으로 잎이 어떤 각도를 이루며 나서 자라는지를 연구한 것이다.

식물의 잎은 위에서 보았을 때 가운데를 지나가는 직선 방향으로 양쪽에서 나는 마주나기와 십자가 방향으로 나는 돌려나기가 있다. 그러나 전체 식물의 80%는 마주나기도 돌려나기도 아닌 나선형으로 빙빙 돌아가며 잎이 나게 된다. 나선형으로 나는 잎은 언뜻 무질서하게 보이지만 보네는 연구에서 나선형 잎이 줄기의 중심을 기준으로 137.5도 각도을 이루며 나는 것을 발견했다.

137.5도라는 각도는 매우 중요하다. 바로 '대칭 피보나치 배율'이기 때문이다.

360도를 100으로 하고 계산하면 137.5도는 381.9가 된다. 반올림하여 382인데 이를 피보나치 비율인 618에 더하면 1000으로 정확하게 떨어진다.

즉 규칙이 없이 무심하게 나는 것 같은 나선형 잎 나기 식물도 모두 피보나치의 비율에 따라 자라고 있다는 사실이 입증된 셈이다.

육각형과 피보나치수열은 지구의 자연 속 패턴을 숫자로 만든 소중한 사례다.

다만 아직도 궁금한 부분은 있다. 지구는 10진법을 사용하지만 우주의 법칙은 어쩌면 12진법이나 15진법을 사용하는 편이 더 정확한 게 아닐까 하는 의구심이다.

우리가 아직 정확하게 잘 모르는 건 지구와 지구에 사는 생물이 우주 전체로 봤을 때 주류인지 변종인지 알 수 없다는 사실이다. 어쩌면 우주의 패턴을 밝히는 데는 '10진법'보다 '소수진법'이 더 필요할 수도 있다. 소수를 진법으로 도입하면 해당 소수가 사라지게 돼 더욱 독특한 수 체계로 접근할 수가 있다. 아직은 아이디어 차원이지만.

대칭과 군론에
답이 숨어 있다

로또는 확률이라는 숫자에 사고가 매몰돼 있어서 연구하려고 하지 않지만 그래도 접근
하려는 시도는 많은 편이다.

최근 브라질의 수학자 레나투 자넬라(Renato Gianella)가 제안한 방식도 '패턴을 찾아 로
또 투자를 하면 당첨 확률을 높을 수 있다'는 색다른 접근법이었다.

자넬라는 20여 가지 세계 각국의 로또를 연구해 만들었다. 무지개방식(lotorainbow)이란
이름도 붙었다.

이 방식은 로또를 10진법 숫자별로 색을 부여해 확률이 높은 방식을 찾아내는 것이다.
예를 들어 당첨숫자가 6개라면 10진법에 근거하여 1자리, 10자리, 20자리, 30자리, 40
자리별로 색을 부여해 그 패턴으로 비교하여 높은 확률을 찾는 방식이다.

YBRGPP가 나올 확률이 YYYBRG가 나올 확률의 4배라면 사람들은 누구나
YBRGPP의 패턴을 따르기 마련이다. 여기에서 Y는 1자리 숫자를 뜻하는데 '2, 4, 8,
10, 25, 30'처럼 Y가 연속 나오는 숫자보다 '4, 11, 21, 34, 40, 43'처럼 10진법 수열이
골고루 섞여야 더 잘 맞는다는 얘기다.

물론 자넬라의 방식이라도 수학식 확률을 높여 주지는 못한다.

여기저기에서 자료를 찾아 책을 쓰며 느낀 일이지만 로또는 수학자들이 연구할 수 있는
영역이 아니다. 수학자들에게 계산으로 나온 답은 절대 진리이기 때문이다.

사실 수학자들은 아직 밝혀지지 않은 '수학 난제'를 연구하기에도 바쁘다. 쥘 앙리 푸앵카레(Jules Henri Poincare, 1860~1934)의 추측은 풀렸다고 하지만 아직도 소수의 패턴에 관한 '리만 가설'이나 '호지 추측' 등은 풀리지 않고 있다. 수학자라면 난제 도전에도 시간이 벅찰 뿐이다.

———

군론, 초끈 이론은 대칭에 관한 연구

결국 로또 숫자의 비밀에 접근하기 위해서는 수학을 뛰어넘는 융·복합식 사고가 필요하다. 다양한 사고 속에서 다양한 방식으로 접근할 필요가 있다.

경험상 융·복합 사고에 가장 적합한 전공자를 살펴보면 경제학자, 건축가, 심리학자, 철학자 등이다. 이들 전공자는 사고가 좀 더 유연하고 편견이 적은 편이다.

로또는 수학식 확률이 가장 선두에 나와 있는 상품이다. 따라서 패턴에 관하여는 수학에 또 다른 답이 숨어 있을 수 있다.

프랑스의 수학자 에바리스트 갈루아(Évariste Galois, 1811~1832)가 발견한 군론(Group Theory)은 '대칭 수학'이라고 불린다. 더 멋진 표현으로는 '수학 추상화의 걸작'이라는 말도 있다.

군론은 주어진 요소(숫자)로 얼마나 많은 대칭의 가짓수를 만들 수 있느냐를 알 수 있게 해 준다. 유한집합의 수를 얼마나 많이 치환(permutation)할 수 있느냐는 이후 군론이 광석의 결정 구조, 소립자의 물리학, 분자 구조의 화학, 통신공학의 오류정정부호화 이론 등에서 상용하는데 크게 기여했다.

군론은 벽지 디자인에도 기여했다. 평면에서 만들 수 있는 대칭의 수는 17가지뿐이라는 것도 군론을 통해 확정됐다.

또한 우주도 대칭이고 초끈으로 초대칭을 이루고 있다는 이론의 출발점도 군론이었다. 초끈 이론은 '우주를 구성하는 최소 단위가 끊임없이 진동하는 끈'이라는 데서 출발한 이론으로, 대칭성과 깊게 연관된다.

———

기하학, 우주에 거울대칭 이론이 있다

대칭과 수학의 연결 고리로는 우주에 관한 설명이 가능한 기하학(Geometry)이 있다. '지구나 땅을 측량한다'는 단어의 뜻 그대로 물건을 사고파는 데 주로 쓰이는 사칙연산 보다는 각도와 길이의 비율 등을 주로 사용하는 수학이다. 어쩌면 지금도 수학과 과학 의 경계에 있는 학문으로 분류하는 편이 더 바람직할지 모른다.

기하학은 사교기하학(symplectic geometry)과 주가분석그래프 등으로 널리 알려진 복소 기하학(complex geometry) 등으로 발전하는데 여기에서도 대칭이 등장한다.

최근에는 사교기하와 복소기하가 거울 대칭으로 연결돼 있다는 점도 밝혀짐으로써 상 대적으로 발전이 더딘 사교기하를 문제가 대부분 해결된 복소기하에서 찾아 들어가 연 구하는 방식이 유행이라고 한다.

기하학과 초끈 이론이 합쳐지면서 거울대칭 이론이 탄생했다.

과학자들이 우주를 설명하는 초끈 이론을 연구하다 보니 세상을 설명하는 이론이 모두 5개가 등장하게 되어 혼란스럽게 됐다. 그런데 나중에 살펴보니 5개가 모두 1개를 가리 킨다는 사실을 알아냈다. 즉 5개가 1개의 서로 다른 모양의 거울에 비춰 본 모습이라고 하여 거울대칭 이론이 등장했다.

이 분야의 권위자는 한국의 고등과학원 김범식 교수로, 스스로 '쿼지맵(QUASI-Map)'과 벽 횡단 공식을 만들어 거울대칭 이론을 설명한다.

쿼지맵은 대수기하학식 불변량과 사교기하학식 불변량 사이의 다양한 관계를 설명하는 이론으로, 사실 세계에서도 많지 않은 수학자들만이 이해할 뿐이다. 일반인을 위해 설명하는 자료는 인터넷 어느 곳에서도 찾을 수 없을 정도다.

어쩌면 수학자가 로또와 가장 가까이 있는지도 모른다. 다만 확률이라는 깔끔한 정리 때문에 다른 접근을 하지 않을지도 모른다.

대칭을 연구한 군론과 기하학을 통해 로또의 숫자에 대한 새로운 접근법을 발견할 수 있지 않을까.

패턴을 찾을 수 있을까

우주는 무한계인지 몰라도 태양계와 지구는 확실히 물리학상으로 유한계다.

유한계의 특징은 패턴이 등장하고 그 패턴이 반복, 대칭, 균형의 법칙 속에서 존재한다는 점이다.

눈송이의 결정이 육각형이고 토성의 북극에 있는 거대한 회오리가 육각형으로 닮은 점은 지구나 태양계가 같은 유한계 속에 존재한다는 뜻이다.

지구상의 식물 대부분은 피보나치수열의 지배를 받는다.

나선형의 아름다움은 1.618이라는 비율에 따라 움직이기 때문에 나온다. 지구상에 존재하는 꽃잎의 갯수가 대부분 피보나치수열의 지배를 받고 있는 점은 다시 생각해도 경이롭다. 물론 꽃잎의 숫자가 13을 넘어서면 정확하게 떨어지지는 않는다. 데이지를 봐도 지역에 따라 10에서 15개 사이의 꽃잎을 이루고 있다. 평균을 내면 12.7~12.8개가 되는데 이를 두고 13으로 완벽하게 정의할 수는 없다. 그러나 5개 이하의 꽃잎은 거의 정확하게 맞아 떨어진다.

꽃잎보다는 나선형으로 나는 식물 대부분의 잎 사이 각도가 137.5도란 점은 '대칭 피보나치 비율'의 의의를 찾은 것 같아 기쁘다.

엘리엇 파동이론에서 나온 '상승3파 하락2파'는 어떤 흐름이 '주도3/5, 보조2/5'임을 알려준다. 어디에다 어떻게 응용할지가 고민일 뿐이다.

오늘도 세계 곳곳에서는 로또 추첨이 있다.

로또는 철저하게 유한세계 속에서 움직인다. 45개의 숫자, 49개의 숫자, 50개의 숫자 가운데 고르는 개수가 조금씩 다를 뿐 로또 숫자는 철저하게 닫혀 있는 세계에서 움직임이 발생한다.

로또는 소수처럼 무한한 숫자 가운데에서 고르는 게 아니다. 정해진 숫자 가운데에서 고를 뿐이다. 따라서 변하지 않는 수학식 확률이 존재한다.

그러나 확률은 닫혀 있다는 의미이고, 닫혀 있다는 건 패턴이 존재한다는 얘기와 같다. 이걸 찾을 수 있다면 얘기는 달라진다.

닫힌 세계에서는 랜덤 자체가 패턴이다

랜덤(random)이란 단어는 낱말일 뿐이다. 인류가 단어를 만들었다는 얘기는 그 또한 인간의 뇌로 설명이 가능하다는 얘기와 같다.

이 책이 호기심을 발동해 밝히려고 하는 '확률 속 랜덤의 패턴'을 당장 증명하기란 어려운 일이다. 그러나 접근하고 분석해 볼 필요는 있다.

유한계 속에 갇혀 있는 랜덤이라면 패턴이 존재하는 게 맞다. 물론 패턴을 적용한다고 해도 수학식 확률이 변하는 건 아니다. 다만 패턴을 통해 다양한 지표를 만들 수 있고, 그 지표가 인간의 자유 의지 하나로 쓰일 수 있다는 점에서 의의가 있다.

다음 장에서 본격 다루지만 로또 숫자의 비밀에 대한 접근은 어느 정도 가능하다.

보너스 숫자를 포함한 '커버리지 비율'과 음양수·거울수·경계수 등 지수를 활용하면 65%, 즉 6개 숫자를 뽑는 게임에서 4.5개까지 접근할 수 있다. 어떤 때는 수학식 확률보다 조금 더 높게 나타나는 경우도 발생한다. 이런 걸 또한 패턴이라고 해야 할는지는 아직 모른다.

로또 숫자의 비밀에 접근할 수는 있다.

왜냐하면 지구처럼 닫힌 세상에서는 패턴이 분명 존재하기 때문이다. 다만 그걸 아직 발견하지 못한 건 아닐까?

로또
숫자의
비밀

03

로또의 패턴

'반복, 대칭, 균형'을
대입해 보자

한국 로또의 수학식 당첨 확률은 814만5060분의 1이다. 이는 1+1=2처럼 부정할 수 없는 답이다. 그러나 이 책은 '닫힌 세계의 확률 속 랜덤'이라는 생각을 앞에 두고 접근하는 책이다. 랜덤 속에는 패턴이 없다고 하지만 2부에서 밝힌 것처럼 시공간은 어찌할 수 없다 해도 물리적으로 닫혀 있는 세상에서는 인간도 감지할 수 있는 패턴이 존재한다고 한 바 있다.

달에서 지구를 보면 봄, 여름, 가을, 겨울이라는 패턴이 분명하게 보이지만 지구에 사는 생물들은 피부로 느끼면서 생활할 뿐이다. 인간을 포함한 이들 생물은 지구의 온도를 랜덤이라고 판단할 것이다. 랜덤은 자신이 속해 있는 위치와 현실에 따라 '질서'로 해석될 수도 있다. 따라서 '확률 속에 존재하는 랜덤에는 패턴이 있다'고 할 수 있으며, 이를 전제로 로또의 숫자에 접근해 보기로 한 것이다.

2부에서 나온 결론은 일단 세 가지다.

'반복, 대칭, 균형'이다. 물론 이들 세 가지는 서로 연결돼 있어서 나누어지지 않는다. 다만 시공간과 대상에 따라 단어가 살아나서 서로 다른 것처럼 존재할 뿐이다.

사람이 걸어가면 팔과 다리는 앞뒤로 반복운동을 한다. 그리고 몸의 가운데를 중심으로 양쪽 팔과 다리는 대칭이 된다. 또한 팔과 다리가 서로 엇갈리게 앞뒤로 왔다 갔다 하는 건 균형을 잡기 위함이다. 따라서 '반복, 대칭, 균형'은 서로 연결돼 있는 단어라고 볼 수 있다.

정규분포 그래프와 대칭의 원리를 점검

3부에서는 이 같은 법칙을 로또 숫자에 대입해 보는 실험을 한다. 이 실험의 확실성에 따라 패턴이 존재하는지 여부가 가려지게 된다. 물론 패턴이 있거나 없거나 수학식 당첨 확률에는 변함이 없다. 한국 로또의 경우 어떤 상황이라도 814만5060개의 가짓수가 나오는 건 불변의 진리이기 때문이다.

다만 패턴이 존재한다고 했을 때 좀 더 새로운 접근을 할 수 있게 된다.

우선 중심이 존재한다면 이 세상의 모든 물체는 중심을 축으로 하여 움직이는 모습을 보이기 때문에 어느 한쪽으로 지나치게 쏠렸다고 판단되는 순간에는 다른 방향을 선택 할 수 있게 된다.

1부에서 밝힌 대로 로또 숫자를 뽑는 행위는 랜덤의 모습이지만 6개를 뽑은 숫자를 합한 결과는 정규분포 그래프를 그리게 된다. 그리고 정규분포 그래프는 나름대로 이미 중심이 있는 패턴을 가지고 있다. 마치 사람의 얼굴, 음양의 법칙처럼 좌우가 똑같은 모습을 그린다.

수학이 가져다 준 마력의 하나인지 모르지만 2차원 평면이라고 하더라도 둥근 원의 안 쪽에 814만5060개의 점이 찍혀 있는 것과 종 모양의 좌우대칭 모양 속에 814만5060 개의 점이 찍혀 있는 건 의미가 다르다.

원이라면 중심이 정 한가운데에 1개만 존재하기 때문에 814만5060개의 점이 움직인다 고 할 때 예측하기가 어렵다. 그러나 종 모양이라면 가운데로 가장 길게 형성되는 선이 중 심선이 되기 때문에 이를 패턴으로 본다면 판단할 때 유용한 지표로 삼을 수 있게 된다.

따라서 3부에서는 정규분포 그래프를 중심으로 한 지표를 만들고, 더불어 우주 질서에 서 나온 반복·대칭·균형의 법칙이 로또 숫자 세계에서도 존재하는지에 관해 알아보기로 한다.

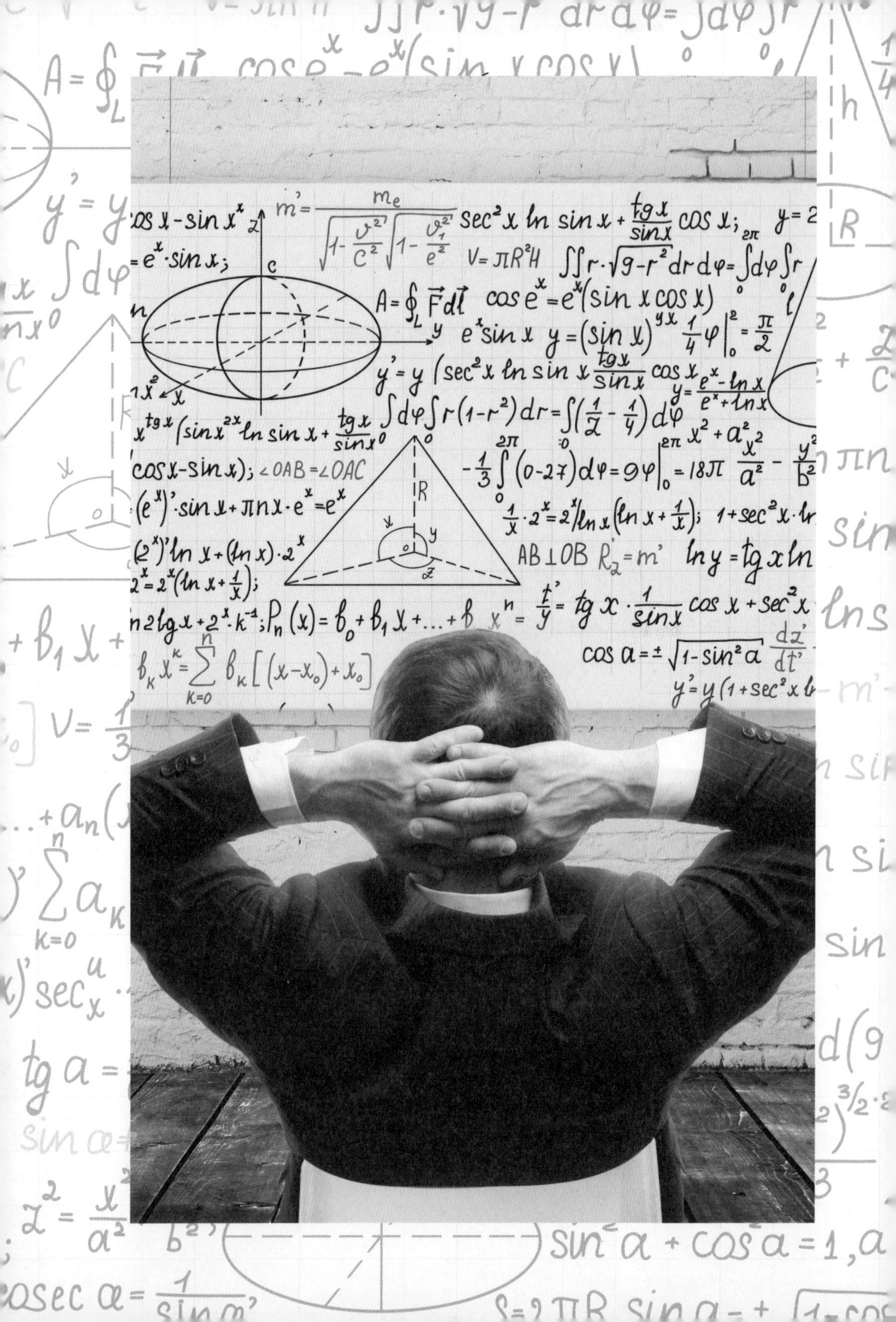

쪼개면 53~89개
단수(單數)의 합이다

이 책에서는 로또를 유한, 즉 닫힌 숫자의 세계에서 벌어지는 사건으로 규정했다.

이제는 이 닫힌 숫자의 세계가 지닌 특성을 살펴볼 필요가 있다.

통계학의 표본 공간 위에서 계산의 근거가 되는 요소를 표본점 또는 근원사상 (Elementary affairs)이라고 하는데 로또에서는 바로 숫자가 표본점이 된다. 이들 표본점은 모든 계산과 사건의 기본이 되기 때문에 매우 중요한 요소다.

로또 세계에는 상품별로 1부터 45 또는 49, 60, 90개까지의 숫자가 존재한다.

그런데 바로 숫자가 표본점이라는 건 수학식 계산이 가능하다는 얘기이고, 이는 통계 지표를 만들 수 있다는 얘기가 된다. 숫자에는 순서와 크기가 존재하기 때문이다.

만일 표본점이 숫자가 아니라 동물의 이름으로 45개나 90개라고 하자. 한국 로또가 동물 이름 45개에서 6개를 뽑는 방식이라면 꽤 복잡하게 된다. 당첨 확률은 45개 숫자로 만든 방식과 똑같이 814만5060분의 1이 되지만 동물 이름 45개가 순서도 없고 가치가 동일하다고 보기 때문에 말 그대로 완벽한 '무작위 게임'이 된다.

그러나 다행스럽게 한국을 비롯한 전 세계의 모든 로또는 표본 공간 내에서 움직이는 표본점을 숫자로 하기 때문에 같은 확률의 공간이라 하더라도 인간에게 접근 가능한 영역이 된 것이다.

숫자의 기본 속성인 순서와 크기는 바로 사칙연산을 할 수 있는 근거가 된다. 더구나 표본 공간은 1부터 45 또는 49, 90까지 닫혀 있는 숫자의 세계로 한정됐다.

숫자는 인류가 만든 형이상학 패턴이다. 계산과 판단에 도움이 되기 위해 숫자를 발명했다. 그리고 숫자는 사칙연산에 의해 전체를 보여 주기도 하고 때론 부분을 해부하기도 한다.

로또게임을 6~7개라는 각각의 단독 숫자가 아닌 6~7개 숫자의 합으로 접근하자 바로 정규분포 그래프가 등장했다. 표본점이 숫자이기 때문에 로또 게임을 통계로 표현할 수 있게 된 것이다.

———

숫자를 단수로 구별한 방법도 유효할까

그런데 표본점은 숫자뿐일까? 대칭이 균형을 이루기 위함이란 걸 알았다면 숫자를 쪼갠 단수(單數), 즉 1자리 단위의 숫자도 표본점으로 이용할 수 있다. 기존의 표본점은 10자리 이상부터 2개의 단수가 합쳐져서 이뤄졌다. 즉 한국 로또의 경우 모두 45개 숫자 가운데 1부터 9까지 9개를 제외한 36개는 두 개의 단수가 합쳐진 숫자가 된다.

우리는 이걸 맘껏 이용해도 된다.

동물의 이름에서 숫자로 바뀌었을 때 어떤 변화가 왔는지를 떠올려 보자. 바로 숫자의 크기가 등장했고, 그 크기로 인해 당첨 숫자의 합이 정규분포 그래프를 그린다는 걸 알았다.

그렇다면 어차피 한정된 숫자로 즐기는 게임이므로 단수별로 등장할 수 있는 각기 다른 단수의 개수도 의미를 갖게 된다.

한국의 로또를 예로 들면 45개 숫자를 1, 2, 3 … 8, 9 등 단수로 떼어 내면 총 81개의 단수가 존재한다. 45라는 숫자를 4와 5라는 단수로 따로따로 구별해 별개의 표본점으로 사용하는 방식이다.

이 경우 로또라는 사건을 만들어 내는 주인공은 45개가 아닌 81개로 늘어난다.

이 가운데 1, 2, 3은 각 15개로 가장 많다. 4는 11개, 5는 5개다. 0과 6부터 9까지는 각 4개다. 이렇게 하여 '81개 단수의 세계(6/45방식)'가 탄생하는데 이는 전 세계에서 45개의 숫자로 로또를 하는 아일랜드로또, 러시아로또, 호주로또, 벨기에로또 등에도 똑같이 적용된다.

———

89개 단수로 6개 숫자 조합하는 게임이 주류

여러분도 알고 있듯이 '81개 단수'는 로또시장의 주인이 아니다. 로또시장의 주인은 '89개 단수(6/49상품)'다. 상당히 많은 로또 상품은 49개의 숫자 가운데 6개와 1개의 보너스 숫자를 고르는 방식[(6+1)/49]이다. 상품에 따라서는 5~7개를 고르게 된다.

89개 단수 방식인 '6/49상품'은 영국, 캐나다, 홍콩, 그리스, 독일, 스페인, 터키, 루마니아, 남아공에 있다. 특이하게 프랑스에는 5개, 러시아에는 7개를 고르는 상품이 따로 있다.

'89개 단수' 상품은 1, 2, 3뿐만 아니라 4까지 15개씩의 단수가 존재한다. 0은 4개, 나머지 숫자 5~9는 모두 단수가 5개씩이다.

일본은 특이하게 로또 상품 대부분이 70대 숫자로 떨어진다. 43개 숫자에서 6개 숫자를 고르는 방식이 있고, 37개 숫자와 31개 숫자 상품도 있다.

일본의 상품처럼 숫자가 줄면 당첨 확률도 그만큼 높아진다.

확률을 보면 '6/49방식(89개 단수)'은 1398만3816분의 1로 '6/45방식(81개 단수)'의 814만5060분의 1보다 당첨 확률이 두 배 가까이 희박하다. 이런 점에서 보면 당첨 확률이 609만6454분의 1인 일본의 상품 '로또6'(6/43방식)은 그만큼 매력이 있다는 얘기가 된다.

표본 공간의 주인공인 표본점, 즉 단수가 적다면 그만큼 당첨 확률은 높아진다. '6/40' 방식보다는 '6/30' 방식의 당첨 확률이 더 높기 때문이다.

––––––

1, 2, 3이 많이 등장하는 로또 숫자의 법칙

여기에서 일본과 북유럽의 로또 상품을 살펴보자.

역사가 다소 짧은 이들 지역의 상품은 닫힌 숫자의 세계가 40대가 아닌 30대다. 핀란드는 39, 스웨덴은 35까지 숫자의 한도 내에서 사용하는 상품이 있다. 일본은 37과 31개의 숫자 내에서 조합하는 상품이 있다.

닫힌 세계에서 단수를 도입해 보면 39상품은 69개 단수, 37상품은 65개 단수, 35상품은 61개 단수, 31상품은 53개 단수에 불과하다. '53개 단수' 상품은 31개 숫자로만 이루어진 일본의 미니로또(5/31방식)다.

로또는 철저하게 닫힌 세계다.

따라서 숫자처럼 단수로 체크해 볼 필요도 있다. 한국 로또처럼 1부터 45까지밖에 없다고 하면 모두 15개인 1, 2, 3이란 단수가 많이 등장할 수밖에 없다. 3~4개밖에 없는 5, 6, 7, 8, 9, 0은 자주 나오지 못한다.

따라서 숫자나 단수에도 균형을 잡으려는 패턴이 존재한다면 어느 단수가 많이 나왔고 어느 단수가 덜 나왔는지 알아 둘 필요가 있다. 즉 3, 4 단수가 유난히 3~4주 연속으로 많이 보였다면 그다음에는 오히려 1, 2 단수 쪽으로 초점을 맞출 필요가 있게 된다. 만일 단수도 숫자처럼 정규분포 그래프를 그린다는 게 입증되면 나름대로 전략도 생긴다. 한국 로또의 경우 8 단수가 들어간 숫자는 8, 18, 28, 38의 4개뿐인데 6개를 뽑은 숫자 가운데 '8' 단수가 들어 있는 숫자 3개가 동시에 등장했다면 거기엔 '특별한 이유'가 있다고 보는 편이 맞다. 8이 당분간 힘 있는 숫자(대세)로 등장하거나 균형을 맞추기 위해 일시 등장했을 수도 있다.

물론 그렇다고 수학식 확률이 바뀌는 건 아니지만 일단 숫자의 합에 정규분포의 그래프가 등장하는 걸 알고 있기 때문에 단수의 합에도 정규분포의 그래프가 존재할 것이고, 이것으로 정규분포에 중심이 있다고 본다면 판단에 유용한 지표가 2개나 된다는 결과가 되니 나쁠 게 없는 것이다.

다만 검증해 볼 필요는 있다.

번호의 합은
경계수로 수렴하려는
성질이 있다

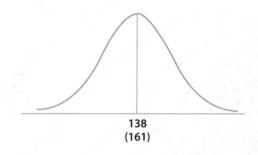

138
(161)

로또는 '자연이 주사위를 던지고 인간이 맞히는 게임'이다. 인간이 개입할 여지가 거의 없다. 그러나 인간에게는 자유 의지가 있다. 자신이 수학식 확률을 바꿀 수는 없어도 정답에 가까이 가기 위해 번호를 선택할 수는 있다.

로또는 숫자 하나하나를 보면 어떻게 해야 할지 모르지만 당첨번호의 합으로 통계를 내게 되면 정규분포 그래프가 나와서 나름대로 지표 역할을 할 수 있다고 한 적이 있다.

다시 설명하면 확률은 나올 수 있는 조합의 수가 된다. 그리고 조합의 수는 정해져 있다. 그런데 한국 로또의 경우 조합의 수는 814만5060가지로 정해져 있지만 조합에 등장한 숫자를 모두 합하면 234가지밖에 되지 않는다.

합이 가장 작은 숫자인 1+2+3+4+5+6=21과 가장 큰 쪽인 45+44+43+42+41+40= 255는 단 1가지씩만 존재한다. 이들을 양끝으로 하고 그래프를 그려 보면 그 사이에는 합이 22부터 254까지 나오는 814만5058개의 조합이 232개 줄에 정렬하게 된다. 이 정렬은 10만 이상으로 보이는 조합이 가장 많은 숫자인 138을 기준으로 하여 좌우 대칭으로 줄지어 서게 된다.

결국 한국 로또는 당첨번호의 합으로 그래프를 그려 보면 138을 기준으로 하여 양쪽으로 종 모양의 대칭 형태가 나타나는 것이다.

———

경계수를 중심으로 하여 양쪽 방향 정하기

인간의 자유 의지는 여기에서 무엇을 할 수 있을까.

방향을 정하고 베팅을 할 수 있다. 방향을 정하면 선택할 수 있는 조합의 수가 줄어드는 효과를 누릴 수 있다. 다른 쪽을 버리게 되기 때문이다. 그렇다고 수학식 확률이 줄어들지는 않지만 일단 방향을 맞힐 수 있다면 당첨번호에 좀 더 근접하게 된다고 할 수 있다.

■ 주요 로또의 단수경계수 ■

한국, 아일랜드	6/45방식: 39	보너스 1개 추가할 경우: 46.5
홍콩, 영국	6/49방식: 42	보너스 1개 추가할 경우: 49
일본 미니로또	5/31방식: 30	보너스 1개 추가할 경우: 36
스웨덴 로또	7/35방식: 42	보너스 4개 추가할 경우: 66

※ 0을 10으로 합산하거나 빼는 방식이 있는 가운데 빼는 방식으로 계산함.

■ 세계 주요 로또의 경계수 ■

※ 보너스 번호를 포함하여 산출함. 투트랙 방식인 메가밀리언은 뒤 번호를 무시하고 계산.

이런 방식이 가능해진 건 바로 정규분포 그래프에 패턴이 숨어 있기 때문이다. 즉 정규분포 그래프는 가운데 숫자를 기준으로 하여 좌우로 대칭을 이룬다. 대칭은 자주 강조했듯이 균형을 맞추기 위해 존재한다. 따라서 다음에 등장할 당첨번호의 합이 가운데 숫자, 즉 한국 로또에서는 138보다 많은 쪽인지 적은 쪽인지를 먼저 판단할 수 있게 된다. 정규분포 그래프는 이처럼 한쪽 방향을 선택할 수 있는 기회를 제공한다.

이 책에서는 로또 당첨번호의 합으로 만들어진 정규분포 그래프의 가운데 숫자, 즉 조합의 수가 가장 많은 합을 '경계수(Limitans number)'라고 부르기로 한다.

그런데 로또 상품의 경계수는 모두 다르다. 닫혀 있는 숫자의 영역(표본공간)이 다르고 뽑는 숫자와 보너스 숫자의 개수가 모두 다르기 때문이다.

'(6+1)/45' 방식인 한국, 호주, 벨기에, 아일랜드, 러시아 로또의 경계수는 138이다. 보너스 번호까지 감안하여 7개 숫자를 합할 경우 경계수는 161이다.

지구상에서 가장 많은 '(6+1)/49' 방식의 로또가 있는 영국, 캐나다, 홍콩, 그리스의 경계수는 150이고 보너스 숫자까지 포함하면 175가 된다.

현존하는 로또 가운데 당첨 확률이 가장 높은 일본의 미니로또[(5+1)/31방식]는 경계수가 80이고, 보너스 숫자를 포함하면 96이 된다.

이 밖에 미국의 메가밀리언은 '5/75+(1/15)' 방식 상품으로서 앞부분의 경계수가 190이 된다. 또한 브라질의 메가세나는 '6/60' 방식이어서 경계수가 183이다.

그러나 경계수는 숫자만으로 이루어진 것만 있는 건 아니다.

단수로 이뤄진 경계수도 만들 수 있다.

한국 로또를 예로 들면 81개의 단수로 가장 작은 단수의 조합은 '1, 11, 2, 12, 3, 21'로, 이를 단수로 합하면 14가 된다.(1+1+1+2+1+2+3+2+1) 반대편의 가장 높은 숫자로 이뤄진 단수 조합은 '39, 38, 29, 37, 28, 45'가 되어 이들 단수를 합하면 63이 된

다.(3+9+3+8+2+9+3+7+2+8+4+5)

따라서 단수 경계수는 63+14=77을 2로 나눈 38.5가 된다.

같은 방식으로 보너스 숫자까지 넣어 7개 숫자를 사용해 단수를 만든다면 단수 경계수는 45가 나온다.('14+4'+'63+9'=90을 2로 나눔. '63+9'의 '9'는 '27'의 '2+7')

즉 당첨번호의 합만 통계로 활용하지 말고 단수의 합까지 통계로 만들어 정규분포 그래프를 만든다면 로또 번호를 선택할 때 어느 쪽 방향을 버려야 할지 좀 더 정확하게 접근하고 해석할 수 있게 되는 것이다.

경계수를 100으로 놓고 지수 만들기

그렇다면 경계수를 지수로 만들어 서로 대조해 보면 어떤 결과가 나올까?

경계수를 지수로 만드는 데는 한 가지 고려해야 할 사항이 있다. 상품별로 다른 경계수를 고려하여 지수 1포인트에 움직이는 수치가 모두 다르다는 점이다.

경계수가 적으면 움직이는 폭은 적다. 반면에 경계수가 크면 움직임이 활발하다. 여기에서는 보너스 숫자가 있는 경우 보너스 숫자까지 포함한 경계수로 계산해 보자.

예를 들어 경계수가 가장 적은 일본 미니로또[(5+1)/31]는 96이다. 당첨번호 가운데 최대 숫자가 될 수 있는 조합은 171(31+30+29+28+27+26)이다. 따라서 경계수를 중심으로 75(171-96)의 한도 내에서 움직이게 된다.

그러나 지구상에서 경계수가 가장 큰 이탈리아의 수페르에나[(6+1)/90]의 경우는 경계수가 무려 318.5가 된다. 나올 수 있는 최대 당첨번호는 609(90+89+88+87+86+85+84)다. 따라서 지수의 위아래 쪽 움직임은 각각 290.5라는 매우 넓은 폭이 된다.

가장 많은 영국, 캐나다 로또인 '6+1/49' 방식은 경계수 175를 기준으로 위아래 쪽 각각의 움직임 폭은 147(322-175)이다. 한국을 비롯해 아일랜드, 호주의 로또는 '6+1/45' 방식의 상품이기 때문에 움직임 폭은 133(294-161)이 된다.

따라서 75, 133, 147, 290.5라는 각기 넓이가 다른 상품을 같은 틀 속에 담아 지수를 만들어야 하기 때문에 손작업이 필요하다.

이 책에서는 각기 다른 경계수를 100으로 놓고 위아래로 50의 범위를 주었다. 어느 로또이건 경계수 지수를 100으로 하여 이를 중심으로 150~50 범위 내에서 움직이도록 했다.

경계수를 중심으로 전체 조합 가운데 가장 큰 당첨번호의 합과 가장 작은 당첨번호의 합을 50의 지수 영역에서 맞혀야 하기 때문에 상품별로 '지수 1'에 해당되는 수치는 모두 다를 수밖에 없다. 75, 133, 290.5를 각각 50으로 나눈 값이 지수 1개 클릭에 해당하기 때문이다.

이처럼 계산하면 일본의 미니로또는 1.5, 이탈리아의 수페르에나는 5.81이 된다.

———

숫자가 뒤죽박죽이어도 합하면 경계수에 수렴

세계 각국의 로또 상품을 지수로 만들어 비교해 봐도 정규분포 그래프는 등장할까?

당연하다. 언뜻 단기로 보면 당첨번호의 합이 경계수를 기준으로 하여 좌우로 움직이지만 1년 이상의 긴 시간으로 보면 결국은 지수 100, 즉 고유의 경계수로 수렴하고 있었다.

움직임이 적은 일본의 미니로또나 움직임이 가장 과격한 이탈리아의 수페르에나를 비롯해 미국의 메가밀리언, 브라질의 메가세나 모두가 같았다.

1996년 3월 11일 시작한 브라질의 메가세나는 2014년 7월 말까지 1620회의 번호 추첨이 있었다. 183을 100으로 만든 경계수 지수를 보면 100.06439가 나온다. 최고 지수는 140, 최저 지수는 63이었지만 결국 100에 수렴하는 모습을 보여 준다.

2009년 1월부터 누적된 873회에 이르는 이탈리아의 수페르에나도 철저하게 경계수에 수렴했다. 지구상의 로또 가운데 움직임이 가장 다이내믹하지만 평균치는 100.584862로 역시 100으로 돌아온다. 최고 지수 130, 최저 지수 64 사이를 왔다 갔다 했지만 결국은 경계수 318.5로 돌아오는 모습을 보였다.

매주 화, 목, 토요일 세 번 추첨하는 홍콩의 마크6[[(6+1)/49방식]도 마찬가지다.

길게 볼 것도 없이 2013년 1월부터 2014년 7월까지 240개 자료만 추려도 경계수 지수 평균은 100.06546이다. 홍콩의 마크6 역시 1년 반 동안에 당첨번호의 합은 137~66 사이에서 움직였지만 평균은 무조건 100 부근이었다.

경계수는 로또게임에서 기본이 되는 지표다.

모든 당첨번호의 합은 경계수를 기준으로 하여 좌우로 왔다 갔다 하는 모양으로 균형을 잡는다.

스웨덴, 일본 로또7,
핀란드 로또가 쉽다

로또는 수학자들이 주장하는 확률을 바꿀 수는 없지만 베팅 개념으로 방향을 잡아 접근하는 방법이 있다는 건 설명했다.

정규분포 그래프가 존재한다는 건 이미 유한한, 닫힌 세계에서는 패턴이 존재한다는 것과 같다고도 했다.

그렇다면 패턴을 좀 더 쉽게 찾을 방법은 없을까?

당첨번호가 많으면 많을수록 패턴 찾기는 수월해진다고 할 수 있다. 따라서 '보너스 번호'를 적극 감안해 보는 것도 나쁘지 않다.

정말로 패턴이 존재한다면 6개의 당첨번호로 흐름을 읽는 것보다는 보너스 번호까지 포함해 7개의 당첨번호로 흐름을 읽는 게 더 쉬울 건 명약관화한 일이다. 45개 숫자 가운데 6개는 13.3%에 해당되지만 7은 15.5%에 해당되기 때문이다.

대부분 로또 상품에는 룰을 재미있게 하기 위해 보너스 번호가 있다.

한국 로또는 45개 숫자 가운데 6개를 뽑는 '6/45' 방식이지만 실제로는 보너스 번호 1개를 더 뽑아 '(6+1)/45' 방식이 된다. 따라서 45개의 숫자 가운데 6개를 맞히면 1등이지만 5개를 맞히고 대신 나머지 1개가 보너스 번호였다면 2등이 된다. 보너스 번호가 아니고 5개의 당첨번호와 다른 숫자 1개라면 3등이다.

당첨 확률이 가장 높은 1398만분의 1이 넘어가는 '6/49' 방식의 경우는 아예 1, 2개의 보너스 번호를 함께 더 뽑도록 만들어 2~3등의 비율을 높이는 방식을 쓰기도 한다.

다만 당첨 확률을 더 낮추기 위해 일부러 보너스 번호를 따로 만드는 경우도 있다. 미국의 메가밀리언과 유럽의 유로밀리언 등으로, 보너스 번호가 11~15개까지 별도로 존재한다. 이 책의 표기 방식으로 보면 메가밀리언은 '5/75+(1/15)' 방식이 되고 유로밀리언은 '5/50+(2/11)' 방식이 된다.

즉 메가밀리언은 75개 숫자 가운데 5개를 고른 뒤 다시 15까지의 숫자에서 1개를 골라야 하는 게임이다. 유로밀리언도 50개 숫자 가운데 5개를 고른 뒤 다시 11개의 숫자에서 2개를 골라야 한다.

따라서 이들의 당첨 확률은 매우 낮아지면서 미국의 메가밀리언은 2억분의 1이 넘어서고, 유로밀리언의 경우도 조합의 수는 1억 개가 훌쩍 넘는다. 이들 로또는 실제로 2개의 로또를 예측해야 하는 어려운 게임이다.

냉정하게 판단하면 이처럼 어려운 로또는 할 필요가 없다.

이 세상에는 당첨금이 좀 적더라도 쉬운 로또가 많은데 구태여 어려운 로또에 매달릴 필요가 없다.

사람에 따라서는 보너스 번호를 아예 무시하기도 한다. 의미를 두지 않는 것이다. 그러나 잘 살펴보면 보너스 번호가 실제로 당첨번호로 들어가는 경우가 꽤 많아서 결코 무시할 수 있는 숫자는 아니다.

———

커버리지 비율 높을수록 패턴 읽기 유리

이 책에서는 2개의 트랙 구조로 된 어려운 로또가 아니라 일반적인 보너스 번호를 부여하는 상품에 대해서만 설명하기로 하자.

경계수와 더불어 이 책에서는 '커버리지 비율'(CR; coverage ratio)을 또 다른 지표의 하나로 제시한다. 커버리지 비율이란 전체 숫자에서 뽑는 숫자의 비율을 말한다.

로또시장의 주인공인 '6/49' 방식의 커버리지 비율은 12.24%에 불과하다. 한국, 호주, 아일랜드 로또 방식인 '6/45'의 커버리지 비율은 조금 높아 13.33%다. 수학식 확률로만 따져 지구상의 로또 가운데 당첨 확률이 가장 높은 일본의 미니로또는 '5/31' 방식으로, 커버리지 비율은 16.12%다.

대부분 상품의 커버리지 비율은 15%를 넘지 못한다. 일부러 그렇게 설계했다.

그러나 잘 살펴보면 커버리지 비율이 상당히 높은 상품도 존재한다.

지구상에서 커버리지 비율이 가장 높은 로또는 스웨덴의 '7/35' 방식으로, 무려 20%나 된다. 20%라면 숫자 5개 가운데 1개에 해당된다. 실제로 스웨덴 로또의 당첨 확률은 672만4520분의 1로, 1000만 단위를 훌쩍 넘기는 전 세계 평균치의 로또 상품과 비교할 때 매력이 강렬하다.

물론 커버리지 비율이 높다고 당첨 확률이 높아지는 건 아니다. 커버리지 비율은 수학식

■ 주요 상품의 커버리지 비율(단위 %) ■		
영국, 홍콩	6/49방식: 12.24	보너스 1개 추가할 경우: 14.28
한국, 아일랜드	6/45방식: 13.33	보너스 1개 추가할 경우: 15.55
호주		보너스 2개 추가할 경우: 17.77
일본 로또6	6/43방식: 13.95	보너스 1개 추가할 경우: 16.27
일본 미니로또	5/31방식: 16.12	보너스 1개 추가할 경우: 19.35
일본 로또7	7/37방식: 18.91	보너스 2개 추가할 경우: 24.32
핀란드	7/39방식: 17.94	보너스 2개 추가할 경우: 23.07
스웨덴	7/35방식: 20,	보너스 4개 추가할 경우: 31.42

확률이 비록 정해져 있지만 단지 패턴을 읽을 때 도움이 될 수 있다는 판단에서 따지는 것이다.

한마디로 커버리지 비율과 확률은 전혀 다른 영역에 속한다.

커버리지 비율 20%인 스웨덴 로또 '7/35' 방식의 당첨 확률은 커버리지 비율 16.12%인 일본의 미니로또 '5/31' 방식의 16만9911분의 1과 비교할 때 30배 이상 더 희박하다. 672만 대 16만의 차이다. 이는 분모인 '5'와 '7'의 차이 때문이다. 분모가 5로 만들 수 있는 가짓수는 분모가 7인 가짓수보다 적을 수밖에 없기 때문이다.

그런데 커버리지 비율에는 변수가 있다. 바로 보너스 번호다.

보너스 번호를 포함하면 커버리지 비율은 더 높아진다. 이 경우 패턴을 읽을 수 있다면 숫자의 방향을 잡기가 좀 더 수월한 로또가 생길 가능성이 높아진다. 보너스 번호까지 포함한 커버리지 비율은 '수정 커버리지 비율'이라고 부르자. 지구상 로또 가운데에서 주력인 '6/49' 방식은 대부분 보너스 번호로 1, 2개를 부여한다.

루마니아와 터키의 로또는 보너스 번호가 없지만 캐나다, 홍콩, 그리스, 영국, 남아공, 스페인(bono)의 로또는 보너스 번호를 1개 더 뽑는다. 이 경우 분모가 1개 더 많아진 '(6+1)/49' 방식의 커버리지 비율은 14.28%로, 6개를 기준으로 계산한 비율보다 2.04% 포인트 더 높아진다.

한국, 아일랜드, 호주, 러시아, 벨기에가 발매하는 '6/45' 방식의 커버리지 비율도 보너스 번호 1개를 포함시켜 '(6+1)/45'가 되면 13.33%에서 15.55%로 2.22%포인트 더 높아진다. 호주 로또의 경우 보너스 번호를 2개 뽑는 방식이어서 게임 방식이 '(6+2)/45'가 되어 수정 커버리지 비율은 무려 17.77%까지 치솟는다.

스웨덴 로또, 커버리지 비율 무려 31.42%

커버리지 비율이 높아지면 '쉬운 로또'라는 느낌이 생긴다. 왜냐하면 패턴을 읽을 수 있다고 했을 때 많은 숫자는 분석하기가 쉬워져서 패턴 읽기에 유리하다고 판단되기 때문이다.

커버리지 비율로 따져볼 때 지구상의 로또 가운데 패턴 분석이 가장 쉬운 로또를 꼽아보면 스웨덴의 '7/35' 방식은 가장 매력적이다.

이미 커버리지 비율이 20%라고 했지만 이 상품은 보너스 번호를 무려 4개나 더 뽑기 때문이다. 이 경우 수정 커버리지 비율은 '(7+4)/35'로 높아지면서 무려 31.42%라는 계산이 나온다. 즉 35개의 전체 숫자 가운데 11개를 선택하는 게임이므로 3개 가운데 1개의 숫자를 고르면 된다는 계산이다.

두 번째로 패턴 분석이 쉬운 로또는 일본의 '로또7'이다.

본래 '7/37' 방식인 로또7은 보너스 번호를 2개 준다. 따라서 수정 커버리지 비율은 '(7+2)/37'에서 9로 계산하게 되면서 24.3%나 된다. 전체 숫자 가운데 4분의 1을 고르는 방식이다 보니 패턴만 잘 읽는 흐름이 되면 숫자를 고르기 편하게 된다.

세 번째는 호주의 '오즈로또'다.

'(7+2)/45' 방식으로, 보너스 번호까지 포함한 수정 커버리지 비율은 20%나 된다.

네 번째는 일본의 '미니로또'다.

보너스 번호를 1개 주지만 닫힌 숫자의 영역이 31개밖에 되지 않는다. '5/31' 방식이어서 그 자체로 당첨 확률이 지구상에서 가장 높지만 보너스 번호 1개를 포함하면 '(5+1)/31' 방식이 되어 수정 커버리지 비율이 19.35%로 급상승한다.

———

당첨 확률이 높거나 커버리지 비율 높거나

'패턴 읽기가 쉬운 로또'와 '당첨 확률'은 결코 일치하지 않는다. 따라서 로또 상품을 고를 때는 이들 두 가지를 반드시 고려해야 한다.

이런 점을 감안하여 이 책이 추천하는 로또는 4개가 된다.

지구상에서 가장 쉽게 즐길 수 있는 당첨 확률 16만9911분의 1에 수정 커버리지 비율 19.35%인 일본의 미니로또[(5+1)/31]와 스웨덴 로또[(7+4)/35]가 최고의 추천 상품이다.

일본의 미니로또는 당첨 확률이 워낙 높은 데다 뒤에 나오는 음양수와 거울수를 이용하면 패턴 읽기에 더욱 유리해진다. 2014년 상반기만 보더라도 매주 평균 13.2명의 당첨자를 낳았다. 그리고 이들은 1인당 평균 1억2000만원을 가져갔다. 이 정도의 당첨자 수와 당첨금이라면 매우 매력 넘치는 상품이라고 할 만하다.

스웨덴 로또는 672만분의 1이라는 다소 높은 당첨 확률을 자랑하는 데다 커버리지 비율만 놓고 보면 지구상 로또 상품 가운데 유일하게 31.42%로 높다는 강점이 있다. 숫자 6개와 보너스 번호 4개 가운데 1개만 맞히면 2등인데 상금은 250만원 안팎이지만 전 세계에서 당첨 확률이 높은 게임에 속한다. 패턴이 읽히는 때가 오면 평균 15억원에 이르는 1등도 어렵지 않다.

핀란드 로또[(7+2)/39]와 일본의 로또7[(7+2)/37]도 앞의 2개 상품에 비해서는 조금 못하지만 추천할 만한 상품이다.

다만 커버리지 비율이 20%로 높다 보니 패턴 읽기에 유리한 호주의 오즈로또의 경우 기본 확률[(7+2)/45]이 4537만9620분의 1이나 되면서 패턴을 읽더라도 논외가 된다.

이들 상품은 대부분 국가에서 채택하고 있는 '45'개 내지 '49'개의 숫자를 이용한 상품과 비교할 때 당첨 확률과 커버리지 비율에서 매우 유리한 강점이 있다.

로또 숫자는 음양처럼 반복돼 출현한다

세상에는 음과 양 두 가지가 존재한다. 표현상 음과 양이라고 했지만 정확한 표현으로는 '서로 다르지만 무척 닮은 두 가지'를 가리킨다. 즉 플러스와 마이너스의 관계, 뭍과 바다의 관계, 낮과 밤의 관계 등을 모두 음양의 다른 표현으로 부를 수 있다.

음양의 특징은 서로 반복된다는 점이다.

낮과 밤, 여름과 겨울이 무한하게 반복되는 것처럼 음양은 인류가 생존하기 시작한 과거부터 지금까지 끊임없이 반복돼 왔다.

음양이 반복된다면 어떤 걸 알 수 있을까?

지난해 여름과 올 여름에는 어김없이 무덥고 비가 온다. 이전 겨울과 이번 겨울에는 추위와 북풍이 주인공으로 등장하고 눈이 내릴 것이다.

즉 음양을 살펴보면 음은 음을 닮고 양은 양을 닮게 되는 모습을 보인다. 다만 음과 양을 서로 다른 것이라고 명명한 것처럼 두 개의 음양, 때로는 3~4개의 음양이 뭉쳐서 음양의 모습이 반복될 수도 있다.

예를 들면 2012년과 2013년의 여름은 평소보다 덜 더웠으니 음으로 보고, 2014년과 2015년은 이보다 더 더워진다면 이 두 여름을 묶어 양으로 볼 수도 있다.

즉 음양은 똑 떨어지게 구분해 보기 어렵다는 얘기다. 왜냐하면 상대적이기 때문이다.

양파처럼 외곽 또는 내부로도, 또 다른 음양은 무수하게 존재하는데 기준에 따라 음양의 모습은 수시로 바뀔 수 있다. 여기에 미래가 현재의 음양을 변화시킬 수도 있다. 만일 2015년 여름이 수십 년 만에 오는 저온 여름이 된다면 2013년의 여름은 지금의 '음'이란 해석에서 바뀌어 오히려 '양'으로 해석될 수도 있다.

이처럼 음양은 반복되지만 미래의 결과물이 현재 인간의 판단에 의한 음양 결과를 뒤집을 수도 있다는 점도 고려해야 한다.

———

반복된 현상은 곧 음양이 존재한다는 것

로또 숫자에 음양을 부여한다면 어떤 형태가 될까?

홀수와 짝수로 구분하여 보는 방식도 음양의 다른 표현으로 볼 수 있다.

최근 특이한 흐름을 보면 한국은 581회(2014년 1월18일)를 기점으로 이전과 이후의 로또 숫자가 홀짝이 강한 모습을 보였다. 즉 지난 2013년 가을부터 올해 580회(1월11일)까지는 로또숫자 7개 가운데 홀수가 4개 이상인 조합이 압도했다면 581회부터 초여름까지 15주가 지나갈 때까지는 짝수가 4개 이상인 현상이 지배했다.

581회를 중심으로 서로 상반된 현상이 발생한 것이다. 이를 어느 쪽을 음양이라고 이름 짓기는 어렵지만 통상 홀수를 양으로 보는 현상으로 보고 그 전을 '양강(陽强)흐름'이라고 표현한다면 이후는 '음강(陰强)흐름'이라고 부를 수 있다.

그런데 비슷한 시기인 2014년 1월24일 일본의 '로또7'[(7+2)/37]에는 한국과 반대 현상이 나타났다. 1월24일을 기점으로 이후에는 홀수가 많은 '양강 현상'이 발생했고, 그 이전에는 음강 현상이 한동안 지속됐다.

그러나 이처럼 덩어리로 음양을 구분해 해석해 가면 아날로그 작업에 해당되므로 분석하기 어려워진다.

시계열로 추첨 때마다 음양음양…으로 반복해 붙이는 방식도 있을 수 있다. 즉 이번 주 로또 추첨을 '음'이라고 한다면 다음 주 추첨은 '양'으로 이름 붙이는 방식이다.

1부터 45~90까지의 자연수로만 이뤄진 로또는 지구의 흐름이란 측면에서 보면 음양이 반복되면서 나타나고 있다고 볼 수 있다. 대부분 1부터 90 이내의 '양의 정수'로 이뤄진 로또는 수의 분류에서 자연수(natural number)에 속한다. 로또 숫자는 자연이 스스로 만들어 내는 것이어서 이름과 잘 부합한다. 그러나 학술 용어와 혼동할 수는 없기 때문에 로또 당첨번호를 이 책에서는 '음양수(yinyang numbers)'라고 부르기로 하자.

묘하게도 음양수를 이런 방식으로 다시 짝을 지어 당첨번호를 분석해 보니 음은 음끼리 양은 양끼리 닮은 경우가 많이 나온 것으로 밝혀졌다. 즉 이번 주 당첨번호를 예측한다면 지난 주(번)가 아닌 그 전 주의 당첨번호와 좀 더 닮는다는 얘기다.

———

로또번호는 전회, 전전회의 번호를 닮는다

다음은 일본의 '로또7'로, 2013년 9월27일(28회)을 기준으로 전후 회차의 당첨번호를 배열했다. 괄호 안 숫자는 보너스 번호다.

(27회) **1**-**10**-**11**-14-**17**-**18**-(25)-(26)-28

(28회) **11**-13-16-18-(21)-26-(27)-31-36

(29회) 1-6-(**10**)-**11**-16-**17**-**18**-21-(24)

27회와 29회를 양으로 보고 분석해 보면 보너스 번호를 포함하여 각 9개의 숫자 가운데 절반이 넘는 5개의 숫자가 일치하는 걸 알 수 있다. 상대적으로 27회와 28회는 3개 숫자(11, 18, 26), 28회와 29회도 4개의 숫자(11, 16, 18, 21)가 일치한 것과 비교하면 더욱 설득력이 있다.

다음은 핀란드 로또[(7+2)/39]의 사례다. 전회(3개), 전전회(4개) 숫자에서 중복된 숫자 (19) 빼고 6개가 올라 왔다.

(2014년 6월7일) 1-**11**-**19**-20-22-**(27)**-**28**-**(34)**-**39**

(2014년 5월31일) 8-**11**-16-**(18)**-**19**-24-**27**-37-**(38)**

(2014년 5월24일) 19-26-**28**-30-**(31)**-**34**-36-**(38)**-**39**

다음은 한국 로또[(6+1)/45]로, 전회(1개)와 전전회(3개)에서 4개의 숫자가 올라 왔다.

(515회) 2-**(8)**-11-**12**-**15**-**23**-37

(514회) 1-(9)-**15**-20-26-35-42

(513회) 5-8-**(12)**-21-**23**-27-33

그러나 음양수 분석에서 음은 음, 양은 양과 각각 닮는 방식은 분석해 보면 실제로는 바로 아래의 다른 음양에서도 당첨숫자가 올라가는 경우가 많아서 결과가 반드시 일치하는 것은 아니다.

다만 음과 음, 양과 양의 모습이 더 닮은 건 사실인 데다 바로 전주(번)의 숫자도 함께 나타나는 경우가 많아서 음양수를 정확하게 분석하면 전회와 전전회의 당첨번호를 모두 분석하는 방식이 이번 주 당첨번호 유추에 월등하게 유리한 것으로 나타났다.

이 같은 결과가 바로 음은 음, 양은 양끼리 각각 닮는다는 결론을 훼손한다고 보지는 않는다. 앞에서 이미 미래의 결과물에 따라 음양이 바뀔 수 있다고 한 바 있다.

따라서 현재의 모습을 전회, 전전회가 묘하게 닮아간다는 건 음양수가 등장할 때 가끔은 과거의 음양에서 영향을 받는다고 해석할 수도 있다.

결론적으로 달리 표현하면 '현재의 로또번호는 지난 2주간(또는 2번)의 로또번호 조합을 가장 많이 닮는다'는 것이다. 그리고 이 같은 현상이 지속된다는 건 당첨번호에는 음양처럼 뭔가 반복되는 흐름이 있다는 얘기가 된다.

———

전회와 전전회 번호에서 40%를 찾을 수 있다

그렇다면 음양수의 전회, 전전회 번호의 묶음이 오늘의 번호에 얼마나 반영될까.

한국[(6+1)/45], 핀란드[(7+2)/39], 일본 미니로또[(5+1)/31]의 2014년 상반기 로또 당첨번호를 분석해 보면 음양수에서만 거의 40%의 예상 번호를 유추해 낼 수 있는 것으로 밝혀졌다.

핀란드 로또가 43.58%로 가장 높은 가운데 한국 로또 40.6%, 일본 미니로또 38%를 각각 기록했다. 즉 전회와 전전회에 등장한 숫자가 반복해서 이번 로또의 당첨번호로 들어올 가능성이 평균 40% 안팎이 된다는 얘기다.

로또 숫자는 음양처럼 반복된다. 그리고 비교적 가까운 시공간에서 흐름이 유지되는 경우가 많다.

따라서 반복되는 음양의 이치를 이해했다면 당첨번호의 평균 40% 정도를 전회와 전전회의 음양수 숫자에서 찾아낼 수 있다는 걸 알 수 있었다.

상반기(1월~6월) 한국 음양수의 예

2	6	18	21	30	33	34
2	19	25	26	27	(28)	43
(2)	13	14	22	27	30	38
2	16	19	31	34	35	(37)
5	11	14	27	29	36	(44)
5	12	17	(27)	29	34	35
4	12	(22)	24	33	38	45
8	10	23	24	35	(37)	43
3	4	12	14	(17)	25	43
(5)	8	24	28	35	38	40
2	(3)	8	13	25	28	37
9	10	13	24	(28)	33	38
2	5	6	13	28	(43)	44
(5)	8	13	14	30	38	39
20	(23)	30	36	38	41	45
6	8	(22)	28	33	38	39
2	8	15	22	25	(30)	41
14	(17)	21	29	31	32	37
2	(5)	7	12	15	21	34
(4)	6	7	10	16	38	41
7	18	30	(36)	39	40	41
8	17	(24)	27	33	40	44
2	12	14	(25)	33	40	41
3	5	14	20	(33)	42	44
5	7	9	11	32	(33)	35
5	7	20	22	37	(39)	42

일본 미니 로또7 음양수(상반기)

4	15	16	17	(19)	20	(26)	29	36
4	8	(12)	19	24	28	30	32	(37)
4	(9)	10	12	15	16	27	32	33
5	10	11	(13)	(14)	21	28	31	37
3	(5)	7	9	15	16	23	33	34
5	8	12	13	21	(27)	30	34	35
1	6	7	8	(11)	23	32	33	(34)
5	6	(8)	12	16	17	30	32	33
4	23	26	27	28	(29)	30	32	36
4	12	(13)	14	17	23	30	33	36
1	3	5	(7)	10	18	22	23	(35)
1	4	(12)	14	16	20	(30)	33	36
(5)	8	(9)	10	22	24	26	32	34
1	4	5	8	(15)	20	23	(33)	35
3	4	7	8	(11)	15	(16)	24	29
8	11	12	(14)	17	(21)	24	26	27
3	5	(8)	24	26	29	30	34	(35)
2	(6)	9	11	14	(15)	20	21	36
2	(4)	5	6	15	23	27	30	(35)
1	2	9	18	21	(25)	27	31	33
(1)	3	4	6	(14)	15	27	28	29
4	(5)	6	7	8	(13)	24	31	37
2	(8)	15	16	17	23	(26)	31	33
2	3	8	15	(25)	(28)	34	35	36
2	6	(7)	11	(20)	23	26	31	34

※한국과 일본 로또7의 전회, 전전회 음양수에서 당첨번호로 올라온 수들.

45 44 43

거울수 이용하면 당첨번호의 65%가 나온다

로또 숫자의 비밀을 푸는 데는 음양의 반복만큼이나 대칭도 중요하다. 대칭은 균형을 맞추려는 운동이기 때문이다. 따라서 로또 숫자에도 균형이 깨지는 현상이 생긴다면 대칭으로 맞추려 하지 않을까?

수학적으로 보면 대칭은 세 가지 형태를 보인다. 회전(Rotation), 반사(Reflection), 평행이동(Translation)이다. 우리 얼굴을 예로 들면 회전은 위아래가 바뀐 모양, 반사는 데칼코마니처럼 좌우로 대칭되는 모양, 평행이동은 복사되어 한 방향으로 계속 만들어지는 모습을 각각 말한다.

그런데 실제 도형에 적용해 보면 조금 다른 모습을 보이기도 한다.

ABC라는 삼각형은 대칭의 모습이 5개 나온다. 120도, 240도씩 돌면서 앞의 세 가지 방식을 적용하면 CAB, BCA, ACB, BAC, CBA로 모두 5개의 모습이 등장한다.

로또에도 충분히 대칭이 존재할 수 있다.

다만 로또는 삼각형과 달리 시작과 끝이 있는 직선으로 볼 수 있다. 직선이라고 하면 대칭의 모습은 두 가지가 존재할 수 있다. 반사와 평행이동이다.

(원형) 1, 2, 3 … 44, 45

(반사) 45, 44, 43 … 2, 1

(평행이동) 1, 2, 3 … 44, 45

음양수는 일부 번호가 평행이동한 것

여기에서 눈치 빠른 독자라면 앞장에서 말한 '음양수'가 바로 '평행이동의 다른 모습'이었음을 알았을 것이다. 전회 또는 전전회에 나온 숫자가 자주 나타나는 건 바로 로또 숫자도 '평행이동'의 모습을 보이기 때문이다.

그렇다면 반사의 모습도 찾을 수 있지 않을까. 반사의 모습까지 나타난다면 로또 숫자는 우주나 지구의 모든 생물체처럼 대칭의 모습을 한 실체로 표현될 수 있게 된다.

로또에서 1, 2, 3, 4, 5, 6의 반사 모습은 무엇일까?

로또 사건이 유한(닫힌) 영역에 있으니 가장 먼 쪽을 대칭으로 볼 수 있다. 즉 1이 시작점이라면 마지막 점에서 거꾸로 거슬러 오르는 숫자가 대칭일 수밖에 없다.

1에서 31까지 있는 로또의 세계라면 1-31, 2-30, 3-29 순으로 대칭이 된다.

그런데 로또의 세계에서는 상품에 따라 대칭되는 숫자가 다르다.

예를 들어 한국, 호주, 아일랜드, 벨기에 로또인 '(6+1)/45방식' 상품은 45가 마지막 숫자다. 따라서 이 상품군에서 1-2-3-4-5-6…의 대칭은 45부터 거꾸로 차례를 지어 등장한다. 즉 45-44-43-42-41-40…으로 이어진다. 쉽게 말하면 1-45, 2-44, 3-43, 4-42, 5-41, 6-40…와 같은 짝이 만들어진다. 이를 반사의 형태로 나타난 대칭수로 볼 수 있다.

지구상 로또 가운데 주력 상품인 '(6+1)/49'는 49가 마지막 숫자이니 49부터 거꾸로 시작된다. 즉 1-49, 2-48, 3-47, 4-46…의 순으로 짝을 이룬다.

현재 반사 형태의 대칭에는 평행이동(음양수)과 더불어 가까운 미래의 추첨에서 가장 자주 같은 숫자가 발생하고 있다. 즉 당첨번호가 자주 나타나는 영역이 반사 형태로 나타나는 숫자군에서 발생하는 것이다.

이처럼 서로 반사를 이루는 쪽에 존재하는 숫자를 '거울수(mirror number)'라고 부르기로 하자. 매번 등장하는 당첨번호의 이름을 '음양수(yinyang number)'라고 붙였으니 음양수의 대칭점에 존재하는 숫자가 바로 거울수가 된다.

———

거울수에서도 35%의 숫자가 등장한다

음양수는 음양의 비밀처럼 당첨번호가 '반복'되어 나타나고 있다는 걸 밝힌 바 있다. 특히 전회와 전전회의 숫자 가운데에서 약 40% 숫자를 당첨번호로 유추해 낼 수 있음을 밝혔다.

그러나 음양수 못지않게 '거울수'도 중요하다.

'거울수'는 음양수의 대칭에 있다. 그런데 음양수를 현실 속에서 등장하는 숫자로 표현한다면 거울수는 정반대 쪽의 모습이니 어쩌면 음양수와 거울수를 음양의 한 쌍으로 볼 수도 있다. 그렇다면 혹시 둘을 합해 풀어 보면 당첨번호를 더 많이 유추해 낼 수 있지는 않을까.

실제로 핀란드, 일본, 한국의 로또 숫자를 거울수로 분석해 보면 당첨번호에 전회, 전전회의 음양수가 등장하는 것처럼 묘하게 거울수 역시 비슷한 결과가 나오는 것으로 드러난다.

2014년 1월부터 6월까지 3개국의 상반기 로또를 분석해 보면 26주의 당첨숫자 가운데 전회, 전전회의 거울수에서 1등 번호로 올라간 경우는 음양수에서 전회 및 전전회의 숫자가 올라간 경우와 거의 비슷했다.

핀란드가 45.3%로 가장 많았고 일본의 미니로또[(5+1)/31]는 42.6%, 한국은 34.6%였다. 평균은 40.8%였다.

한국의 경우 26주 동안 나온 번호를 보면 1개의 숫자조차 거울수에 등장하지 않은 경우는 겨우 두 번뿐이었다. 5개 숫자가 나타난 경우가 2번, 4개 숫자도 2번, 3개 숫자는 3번, 나머지도 모두 1개나 2개 숫자가 거울수에서 이동해 왔다.

여기에서 새롭게 발견한 사실도 있다.

즉 회전 형태로 등장한 대칭은 숫자로 나타난 거울수뿐만 아니라 숫자 내에서도 회전 형태로 자주 나타난다는 점이다.

즉 41이 14, 23이 32, 13이 31로 각각 도치되어 나타나는 경우가 많다. 나타나는 공간은 자유롭다. 음양수와 거울수를 넘나들기도 하고 음양수나 거울수 내에서 나오는 경우도 있다.

이는 단수가 제한돼 있다는 점에서 의의가 있다. 만일 반복 형태로 인해 31이 나타나야 할 경우인데 31은 큰 수이기 때문에 음양수의 합에 영향을 준다. 음양수의 합이 150 이

내에서 나타나야 할 경우 31이 부담스러운 숫자라면 이런 경우 앞뒤가 바뀐 13의 형태로 등장하는 것이 아닌가 하는 생각이 든다.

이 또한 대칭이 균형을 맞춘다는 의미를 뒷받침하는 사건이다.

이처럼 거울 단수까지 포함해 거울수에서 올라온 숫자를 모두 체크해 보면 한국 로또의 경우 34.6%나 같은 숫자가 올라왔다. 2014년 상반기 동안 등장할 수 있는 전체 숫자 182개 가운데 63개가 연관성이 있었다는 얘기가 된다. 그 가운데 단수 거울수는 대략 10개였다.

일본 로또7[(7+2)/37방식, 2014년 4월12일]을 예로 들어 보자.

(53회) 1-**4**-(**12**)-**14**-**16**-20-(**30**)-**33**-36

(52회) 5-8-9-10-22-24-26-32-34   **거울수(52회)** **4**-6-**12**-**14**-**16**-28-29-**30**-**33**

이 사례를 분석해 보면 전회의 음양수에는 당첨번호로 올라간 숫자가 전혀 나타나지 않았다. 그러나 엉뚱하게도 거울수(37-전회 각 당첨번호+1. 즉 4=37-34+1, 6=37-32+1 등)를 만들어 대입해 보니 무려 6개의 숫자(4, 12, 14, 16, 30, 33)가 당첨번호와 일치했다.

영국 로또[(6+1)/49]의 2014년 5월31일 당첨번호다.

(5월31일) (**4**)-7-**9**-**18**-**24**-39-**40**

(5월28일) 18-(21)-26-32-36-**40**-45   **거울수(5월28일)** 5-10-14-**18**-**24**-29-32

(5월24일) 10-31-35-**40**-41-44-(46)   **거울수(5월24일)** **4**-6-**9**-10-15-19-**40**

여기에서는 전회의 음양수에서 18과 40이 5월31일 당첨번호와 반복됐지만 오히려 전회 및 전전회의 거울수에서 전혀 다른 배열에 있는 숫자가 당첨번호로 올라가 있는 것을 알 수 있다.

한국 로또[(6+1)/45]의 2014년 2월15일 당첨번호와 전회의 거울수다.

(585회) (4)-**6**-**7**-**10**-**16**-38-**41**

(584회) 7-18-30-(36)-39-40-**41**　　**거울수**　5-**6**-**7**-**10**-**16**-28-29

음양수에서 이동한 숫자는 41 단 1개에 불과하다. 그러나 거울수에서는 6, 7, 10, 16 등 무려 4개의 숫자가 이동해 585회 당첨번호를 만들어 냈다.

한국 로또의 다른 사례다.

(594회) 2-(3)-**8**-**13**-25-**28**-**37**

(593회) 9-10-**13**-24-(**28**)-33-38　　**거울수**　**8**-**13**-18-22-33-36-**37**

(592회) **2**-5-6-**13**-**28**-(43)-44　　**거울수**　**2**-**3**-18-33-40-41-44

전전회 음양수에서 2-13-28이 올라갔고 전회 거울수에서 8-13-37이 올라가 당첨번호를 만들었다. 또한 전전회 거울수에서도 3이 숨어 있었다. 이렇게 따져 보면 보너스 숫자인 3을 포함하여 7개 숫자 가운데 25를 제외한 6개 숫자가 바로 전회, 전전회 음양수와 거울수 속에 숨어 있었다는 얘기가 된다.

거울수를 이용해 세계 각국의 다양한 로또 상품을 모두 검증해 보면 반드시 매번 많은 숫자가 거울수에서 당첨번호로 올라가진 않는다. 여기에는 추첨 방식과 추첨 횟수 등에서 차이가 있는 것으로 보인다.

그러나 대부분의 로또에서 6개 숫자를 뽑는 상품을 기준으로 할 때 2, 3개씩 당첨번호로 올라가는 것으로 나왔다. 물론 이 번호에는 음양수에서 올라온 숫자와 중복되기도 하고 거울 단수가 많이 등장하기도 한다. 그러나 음양수와 비교할 때 거의 비슷한 비율로 올라간다는 건 확실하다.

이는 매우 의미 있는 발견이다.

거울수는 음양수의 반대쪽에 있는 숫자여서 배열 숫자가 완전히 다르다. 여기에 나라마다, 상품마다 대칭되는 숫자도 다 다르다. 한국에서 1의 거울수는 45지만 영국은 49다. 핀란드에서 1의 거울수는 39이지만 이탈리아는 90이 된다. 그러나 아무리 상품별로 나라별로 거울수가 다르다 해도 거울수에서 당첨번호가 나오는 비율은 음양수에서 등장하는 것과 다르지 않았다.

다만 시기별로 어떤 때는 음양수, 어떤 때는 거울수에서 각각 좀 더 많이 나타나는 차이가 있을 뿐이다.

———

거울수와 음양수 합하면 65% 숫자 예상 가능

그렇다면 음양수와 거울수를 합쳐 계산해 보면 얼마나 당첨번호를 유추할 수 있을까?

음양수와 거울수가 중복되는 경우가 있고 거울 단수도 다소 적지 않은 숫자로 등장하지만 핀란드, 한국, 일본(미니로또)을 비교해 보면 대략 65% 가까이 유추할 수 있다는 결과가 나온다.

참고로 이들 3개 상품은 보너스 번호를 포함한 숫자로 계산했다.

2014년 상반기 한국 로또를 기준으로 보자.

전회와 전전회의 음양수에서 올라온 숫자를 살펴보면 총 74개로, 거울수에서 올라온 63개보다 조금 많게 나타났다. 26주 가운데 4개가 올라온 주는 4번이나 되었고, 3개 숫자가 올라온 횟수도 9번이나 됐다.

6개월 동안 총 182개 숫자 가운데 음양수와 거울수에서 올라온 숫자에서 중복 숫자를 빼고 약 34.6%인 63개 숫자만 유추하지 못했을 뿐이다. 즉 약 65%에 해당되는 나머지 119개의 숫자를 예측할 수 있었다는 얘기다.

핀란드 로또도 음양수에서 올라온 숫자가 102개, 거울수에서 올라온 숫자가 106개였다. 중복 숫자를 빼면 총 234개 숫자 가운데 75개 숫자만 유추하지 못했다. 예측 가능한 숫자의 비율은 무려 68%나 됐다.

일본의 미니로또는 거울수에서 올라온 숫자가 64개, 음양수에서 올라온 숫자가 57개다. 중복 숫자를 빼면 총 150개 숫자 가운데 94개를 유추할 수 있었다. 비율로는 약 63%다.

핀란드, 일본, 한국 등 3개 나라의 평균은 약 65.3[(68+63+65)/3]이 나온다.

즉 음양수와 거울수를 통하면 당첨번호의 65.3%를 예측할 수 있었다는 결론이다.

물론 65%라는 숫자는 절대적이지 않다. 시기에 따라 다르게 나타날 때도 많다.

한국 로또의 경우 2012년 상반기는 60%만이 유추될 수 있었다. 반면에 일본의 로또7은 보너스 번호가 2개나 되어 수정 커버리지 비율이 높다 보니 70% 정도의 숫자까지 유추할 수 있었다. 따라서 65%라는 숫자는 상품별, 국가별로 다양한 점을 감안한 평균치라고 해석하면 된다.

28개 숫자에서 전체 45개 숫자 고르는 게임

거울수는 이처럼 지금까지 숨어 있던 중요한 지표다. 그러나 여기에서 통계학적으로 짚고 넘어가야 할 게 있다. 사실 전회 및 전전회의 음양수와 거울수 28개는 전체 45개 숫자에서 62.2%에 해당된다. 즉 음양수와 거울수를 따지지 않고 28개의 숫자를 무작위로 골라도 62.2%가 된다. 이 얘기는 음양수와 거울수에서 뽑아도 겨우 3%의 비율만 높을 뿐인데 구태여 의미를 둘 필요가 있느냐는 것이다.

맞는 말이다.

그러나 음양수와 거울수를 이용하면 다음과 같은 이점이 있다.

바로 그 28개의 숫자를 전체 45개의 숫자에서 고를 때 고민하지 않고 일단 사용하는 방식이 나름대로 의의가 있다는 점이다. 여기에 들어 있는 숫자에서 조합을 만든다면 그만큼 유리하다는 게 증명됐기 때문이다. 그렇지 않다면 한국 로또의 경우 28개가 아닌 45개 숫자에서 6개를 골라야 한다.

게다가 실제로 적용해 보면 중복되는 숫자가 많고, 때에 따라서는 전전회 번호가 필요 없이 전회의 음양수와 거울수인 14개 숫자에서만 나오는 경우도 종종 나온다.

즉 음양수와 거울수를 활용하는 방법은 '숫자를 좁혀서 고르는 방식'에 해당된다. 한국 로또의 경우 45개 숫자에서 6개를 고르는 게 아니라 전회 및 전전회의 28개 음양수와 거울수에서 번호를 고르게 된다.

보너스 번호까지 7개를 기준으로 앞의 65%를 비율로 계산해 보면 7개 가운데 4.55개에 해당된다.

따라서 음양수와 거울수를 이용하는 방법은 보너스 번호까지 포함하여 7개씩 뽑아 있는 음양수에서 흐름을 읽고 4.55개는 전회 및 전전회의 음양수와 거울수에서 고르고, 나머지 1.5개 정도만 이른바 '찍으면' 되는 방법이 된다.

여기에 평균 65%라는 말은 때에 따라 60%나 80%가 나타날 수도 있다는 얘기다. 어느 순간 80%가 나타나는 때라면 '숫자 선택의 유용성'은 그만큼 더 커진다고 할 수 있다.

상반기 한국 로또의 음양수(△)와 거울수(△)의 예

2	6	18	21	30	33	34	12	13	16	25	28	40	44
2	19	25	26	27	(28)	43	3	18	19	20	21	27	44
(2)	13	14	22	27	30	38	8	16	19	24	32	33	44
2	16	19	31	34	35	(37)	9	11	12	15	27	30	44
5	11	14	27	29	36	(44)	2	10	17	19	32	35	41
5	12	17	(27)	29	34	35	11	12	17	19	29	34	41
4	12	(22)	24	33	38	45	1	8	13	22	24	34	42
8	10	23	24	35	(37)	43	3	9	11	22	23	36	38
3	4	12	14	(17)	25	43	3	21	29	32	34	42	43
(5)	8	24	28	35	38	40	4	8	11	18	22	38	41
2	(3)	8	13	25	28	37	9	18	21	33	38	43	44
9	10	13	24	(28)	33	38	8	13	18	22	33	36	37
2	5	6	13	28	(43)	44	2	3	18	33	40	41	44
(5)	8	13	14	30	38	39	7	8	16	32	33	38	41
20	(23)	30	36	38	41	45	1	5	8	10	16	23	26
6	8	(22)	28	33	38	39	7	8	13	18	24	38	40
2	8	15	22	25	(30)	41	5	16	21	24	31	38	44
14	(17)	21	29	31	32	37	9	14	15	17	25	29	32
2	(5)	7	12	15	21	34	12	25	31	34	39	41	44
(4)	6	7	10	16	38	41	5	8	30	36	39	40	42
7	18	30	(36)	39	40	41	5	6	7	10	16	28	39
8	17	(24)	27	33	40	44	2	6	13	19	22	29	38
2	12	14	(25)	33	40	41	5	6	13	21	32	34	44
3	5	14	20	(33)	42	44	2	4	13	26	32	41	43
5	7	9	11	32	(33)	35	11	13	14	35	37	39	41
5	7	20	22	37	(39)	42	4	7	9	24	26	39	41

※ 파란색 세모는 전회 및 전전회의 거울수에서 올라온 번호수, 빨간색 세모는 전회 및 전전회의 음양수에서 올라온 번호다.

음양수과
거울수의 경계가
경계수다

로또에도 대칭이 존재해 거울수를 이용하면 보이지 않는 영역에서 로또 숫자를 유추해 낼 수 있음을 알았다. 음양수와 거울수를 이용하면 대략 65%의 숫자를 유추할 수 있음도 설명했다.

그런데 앞에서 경계수(Limitans number)에 대해 설명한 바 있다.

경계수는 정규분포 그래프의 정중앙 가장 높은 구간의 숫자라고 설명했다. 그리고 정규분포 그래프가 경계수를 중심으로 좌우 대칭의 모습을 그린다고도 했다.

그런데 내가 본래 경계수라는 단어를 만들 때는 정규분포 그래프와 연관성을 미처 깨닫지 못했을 때였다. 당연히 정규분포 그래프의 정중앙에 위치한 숫자가 경계수와 같은 숫자인지는 당시 계산하지 못한 때였다.

———

'음양수합+거울수합'을 2로 나누면 경계수

본래 경계수라는 이름은 음양수와 거울수 사이에서 태어났다.

음양수를 역순으로 뒤집어 놓은 것이 거울수라고 했다. 따라서 한국 로또에서 음양수와 대칭점에 있는 거울수 및 음양수의 합은 무조건 46이 된다. 1=45, 2=44, 23=23 등으로 대칭이 되기 때문이다.

양 끝단의 합이 같다 보니 음양수 합과 거울수 합도 항상 같은 모습을 보일 수밖에 없다는 건 쉽게 알 수 있는 사실이다.

예를 들어 보너스 번호까지 포함한 7개 숫자를 뽑아 보면 1-2-3-4-5-6-7(합은 28)의 거울수는 45-44-43-42-41-40-39(합은 294)인데 이들의 합을 더하면 28+294=322가 된다.

'322'.

바로 이 숫자는 어떤 음양수와 어떤 거울수를 합하더라도 같을 수밖에 없다.

예를 들면 3-14-25-34-43-44-45(합은 208)의 반대쪽 거울수의 합은 계산하지 않아도 무조건 322-208=114가 나온다.

실제로 체크해 보면 거울수는 43-32-21-12-3-2-1이 된다. 합하면 정확하게 114다.

경계수는 본래 여기에서 탄생했다.

음양수 합과 거울수 합의 딱 중앙 부분이 바로 138, 보너스 번호까지 7개 숫자의 경우 161이 된다. 한국 로또 6개 숫자의 음양수 합과 거울수 합은 276이고, 7개 숫자의 음양수 합과 거울수 합은 322이기 때문이다.

가장 많은 '(6+1)/49방식'의 상품인 영국, 캐나다, 홍콩, 그리스 로또의 경계수는 175(보너스 번호 포함)가 된다.

49개 숫자 가운데 가장 작은 음양수의 합은 1+2+3+4+5+6+7로 28이 된다. 그러나 거울수는 거꾸로 49+48+47+46+45+44+43이 되어 합은 322가 된다. 즉 음양수와 거울수를 모두 합하면 350이 되며, '(6+1)/49' 방식의 로또는 어떤 경우에서나 음양수+거울수의 합이 350이 되는 것이다.

350을 2로 나눈 가운데 숫자는 175다. 따라서 175는 '(6+1)/49' 상품의 경계수가 된다.

결국 경계수는 정확하게 표현하면 현실 속에 나타난 음양수와 가상의 거울수 사이의 경

계 지점이 되는 것이고, 이는 때로는 음양수의 힘이 과하면 다음에는 대신 거울수의 힘
이 강해지는 균형과 음양의 반복 현상을 살필 수 있는 지점이 된다.

그런데 이렇게 하여 지어진 경계수는 공교롭게 정규분포 그래프를 끌어들이다 보니 그래
프의 중간 지점과 일치하게 된 것이었다. 따져 보면 지표를 만드는데 6, 7개 개개의 숫자
가 아닌 음양수의 합으로 접근하다 보니 당연한 것이었지만 뒤늦게 만난 셈이 되었다.

––––––

경계수는 한국 161, 영국 175, 핀란드 180

경계수(Limitans number)는 음양수와 거울수의 중간이면서 정규분포 그래프의 중간이기
도 하다. 한마디로 방향을 정하는 기준이 된다.

보너스를 포함하여 경계수를 구하면 다음과 같다.

'(6+1)/45' 방식인 한국, 호주, 벨기에, 아일랜드, 러시아 로또는 경계수가 161이다.

'(6+1)/49' 방식인 영국, 캐나다, 홍콩, 그리스 로또는 175다.

'(7+4)/35' 방식으로 커버리지 비율 세계 최고 상품인 스웨덴 로또는 경계수가 198이다.

'(7+2)/39' 방식인 핀란드 로또는 180이다.

'(7+2)/37' 방식인 일본 로또7는 171이다.

일본의 미니로또는 '(5+1)/31' 방식으로, 경계수는 가장 작은 96이다.

일본의 로또6은 '(6+1)/43' 방식으로, 경계수는 153이다.

이 밖에 미국의 메가밀리언은 '5/75+(1/15)' 방식의 상품으로서 앞부분의 경계수가 190
이고, 브라질의 메가세나는 '6/60' 방식으로서 183이 경계수다.

음양수합 또는 거울수합이 경계수를 중심으로 하여 좌우로 진자운동을 하는 건 균형을 잡기 위함이다.

앞에서 예로 든 경계수 175인 상품[(6+1)/49]에서 음양수합이 250이라면 다음번 음양수합은 100 안팎에서 형성될 가능성이 높다. 거울수합이 그대로 온다는 해석보다는 음양수가 지나치게 편중돼 나왔으니 그다음 수에서는 오히려 균형을 잡아 주는 숫자가 나올 확률이 높은 것이다. 만일 7개 음양수합이 100 안팎으로 구성된다면 이는 49, 48, 47 등 뒤쪽 숫자보다 앞쪽 숫자의 배열로 만들어졌다는 얘기가 된다.

다음은 영국 로또(경계수 175)의 당첨번호 나열이다.

(2014년 5월 10일) 3-5-8-10-16-17-46   **음양수합과 경계수의 차** 105(70)

(2014년 5월 7일) 14-16-17-22-38-44-49   **음양수합과 경계수의 차** 200(-25)

(2014년 5월 3일) 1-7-9-27-28-30-48   **음양수합과 경계수의 차** 150(25)

(2014년 4월 30일) 6-9-25-34-37-44-45   **음양수합과 경계수의 차** 200(-25)

영국의 예처럼 4번 연속 숫자가 나오는 동안 음양수로만 보면 전혀 어떤 패턴이나 구성을 느낄 수 없다. 특히 5월 10일자 번호는 거울수는 물론 음양수에서도 찾을 수 없는 영역에서 나온 숫자다.

그러나 음양수합을 보면 175를 기준으로 지나치거나 모자랄 경우 균형을 맞추려고 노력한 흔적이 보인다. 괄호 안의 숫자는 경계수에서 뺀 숫자로, '(-25)-25-(-25)-70'의 흐름을 보면 음양수의 합이 균형을 맞추려는 노력을 했음을 알 수 있다. 즉 경계수와의 차(差)가 (-25)처럼 마이너스가 나왔다는 얘기는 1부터 49까지 숫자 가운데 뒤쪽 숫자가 많았다는 얘기가 된다.

한국 로또(경계수 161)에도 이 같은 흐름은 보인다.

(2014년 3월2일/587회) 14-(17)-27-29-31-32-37   **음양수합과 경계수차** 181(-20)

(586회)   2-(5)-7-12-15-21-34   **음양수합과 경계수차** 96(65)

여기에서도 음양수합이 96으로 지나치게 적게 나온 다음에는 균형을 맞추기 위해 바로 복귀하려는 로또 숫자의 움직임을 느낄 수 있다. 대부분 로또 상품의 경우 음양수합이 경계수의 40% 이상 많거나 적을 경우 다음 회차에서 바로 복귀하는 경우가 많았다.

물론 흐름에 따라서는 '반복'이라는 패턴이 한두 번 더 나오는 경우도 있지만 대부분은 균형을 잡기 위해 다음 회차에서는 음양수합이 갑자기 두 배로 많아지거나 50%로 적어지거나 하는 경우가 더 많았다.

———

경계수=음양수합=거울수합=정규분포의 중간 값

사실 따져 보면 경계수는 '완벽한 균형점에 있는 수다. 경계수는 곧 음양수합이고 거울수합과도 같고, 또한 정규분포 그래프의 중간 값이기도 하기 때문이다. 따라서 모든 로또 당첨번호의 합은 경계수를 중심으로 좌우로 왔다 갔다 할 수밖에 없는 운명인 것이다.

또한 세계 각국의 경계수가 다르다는 건 정규분포 그래프의 가로축, 즉 X축의 길이가 다르다는 얘기다. 이렇게 볼 경우 경계수가 96인 일본의 미니로또[(5+1)/31]의 X축이 192구간인데 비해 경계수가 318.5로 세계에서 규모가 가장 큰 이탈리아의 수페르에나 로또는 X축이 무려 636구간에 이른다. 그러나 수페르에나는 짝수 로또여서 정규분포 그래프의 중간 값은 318과 319 두 개가 된다. 따라서 실제로는 318개에 1개꼴인 셈이다.

중심수를
기준으로 무게를
잡는다

무극에서 빅뱅이 터졌다고 했다.

영국 옥스퍼드대학교의 물리학 교수 프랭크 클로스(Frank Close)는 빅뱅 이전의 우주를 진공, 또는 '비어 있다'는 뜻인 보이드(VOID)로 표현했다. 보이드가 바로 무극이다.

그런데 무극(無極)이 움직여서 태극이 되는 과정, 즉 빅뱅이 일어난 이유는 바로 균형이 깨졌기 때문이다.

우리가 살고 있는 세계의 시원(始原)이 된 무극은 완전무결한 완성체였거나 또 다른 대칭의 무극과 균형을 이루고 있은 것이 확실하다. 다만 그 균형이 깨지자 10의 −36승초 라는 찰나보다도 더 짧은 순간에 빅뱅이 터졌고, 동시에 태극과 음양오행이 만들어졌다. 무극의 균형이 깨지자 시공간의 균형을 맞추려고 에너지가 생기면서 우주와 세상은 움 직이기 시작했다. 에너지와 움직임은 곧 깨진 균형을 복원하려는 모습으로, 결국 모든 대칭은 균형을 잡기 위함이라고 볼 수 있다.

———

중심수 23, 25를 기준으로 균형을 맞춘다

대칭과 관련된 지표로 경계수와 거울수 등을 등장시켰지만 균형과 관련해서는 중심수 (Center number)와 균형수(Equilibrium number)도 눈여겨봐야 한다.

중심수와 균형수는 음양수의 치우침을 알기 위한 지표다.

중심수는 전체 숫자를 배열했을 때 한가운데에 있는 숫자를 말한다.

따라서 가장 많은 '(6+1)/49' 방식 로또의 중심수는 25가 된다.

한국과 호주에서 사용하는 '(6+1)/45' 방식의 로또는 중심수가 23이다. 45를 반으로 뚝 꺾으면 23이 나오기 때문이다.

43개의 숫자를 사용하는 일본 로또6의 중심수는 22이고, 39개의 숫자에서 로또 상품을 만든 핀란드 로또는 20이 중심수다.

중심수가 가장 작은 로또 상품은 일본의 미니로또로, 31개 숫자에서 5개를 선택하는 상품이어서 중심수는 16이 된다. 중심수가 가장 높은 상품은 미국의 메가밀리언으로, 75개의 숫자를 이용하니 38이 중심수가 된다.

중심수는 단 한 개만 존재한다. 대부분 로또 상품은 홀수로 이뤄져 있어서 2로 나누면 1자리가 남는 방식이기 때문이다.

따라서 로또 숫자의 세계가 짝수로 이뤄진 상품이라면 중심수가 없는 경우도 있다.

대표적인 상품이 브라질의 메가세나와 이탈리아의 수페르에나로, 각각 60과 90이라는 짝수의 닫힌 숫자를 사용하기 때문에 가운데를 꺾어도 모두 짝이 맞아 1개로 남는 숫자가 없다 보니 중심수가 없다. 그래도 경계수는 존재한다.

균형수열과 균형수를 알면 치우침을 알 수 있다

중심수 역시 경계수처럼 숫자 구성상 앞뒤의 치우침을 알기 위해 필요하다. 따라서 중심수를 이용하여 균형수열과 균형수를 만들면 정교하게 숫자에 접근하는데 큰 도움이 된다.

균형수열을 만드는 방법은 간단하다.

중심수를 0으로 놓은 상태에서 중심보다 작은 숫자 쪽은 양의 영역, 큰 숫자 쪽은 음의 영역으로 구분(반대의 경우도 상관없다)하는 것이다.

예를 들어 '(6+1)/49' 방식 로또의 중심수는 25가 된다. 25가 제로(0)이기 때문에 각 숫자를 X라고 한다면 모두 '25-X'를 하면 된다. 25에서 무조건 다 빼게 되므로 24는 1, 26은 -1, 1은 24, 49는 -24가 된다.

이런 방식으로 중심수 25를 이용해 계산한 수열을 균형수열이라 하고, 균형수열에 등장한 숫자를 음양과 상관없이 절대수로 바꿔 모두 합한 수를 균형수라고 하자. 다만 이때 균형수는 가장 큰 수도 24+24=48, 23+23=46 등으로 이어져서 49나 47 등 홀수로 빠지게 된다. 6~7개 숫자의 합은 음양수합과 비교하여 절반 정도 작아진다. 따라서 경계수와 균형수의 크기를 맞추기 위해 2.1~2.2를 곱해 주는 미세 조정이 필요하게 된다.

캐나다 로또[(6+1)/49방식] 2014년 5월7일의 당첨번호다. 경계수는 175다.

4-7-12-(14)-20-40-49   음양수합과 경계수차 146(29)

이를 중심수 25를 0으로 하여 '25-X'를 적용해 4=21, 7=18 등 순으로 균형수열을 만들고 균형수를 계산하면 다음과 같다.

21-18-13-11-5-(-15)-(-24)   균형수 235.4(=107×2.2)

여기서 열거한 경계수와 균형수에서 우리는 무엇을 알 수 있을까?

중심수 25를 0으로 놓고 그림을 그려 보면 아래쪽 좌우로 -24와 24가 있는 삼각형 모양이 나온다. 이를 균형삼각형(Equilibrium triangle)이라고 부르자.

앞에서 음양수합은 146, 균형수는 235.4가 나왔다.

이 상품의 경계수는 175다. 따라서 음양수합이 146이라는 건 전체적으로 조합된 숫자 7개를 보면 중심수인 25 이하의 숫자가 좀 더 많다는 걸 의미한다. 실제로 25 이하의 숫자는 4-7-12-14-20 등 7개 가운데 5개나 됐다.

그런데 균형수가 235.4가 나왔다는 건 절대숫자가 큰 숫자 쪽으로 몰린 수가 많았다는 얘기가 된다. 즉 균형삼각형에서 아래쪽에 위치한 숫자 대에서 많이 등장했다는 얘기다.

역시 균형수열을 보면 24까지의 중간 지역인 12보다 아래쪽 숫자가 5개나 됐고, 작은 숫자인 25쪽의 0에 가까운 숫자는 5와 11로 단 2개에 불과했다.

음양수합과 경계수, 균형수를 비교해 보면 이처럼 숫자 조합의 위치 분석이 가능하다. 이 얘기는 지표로서 나름대로 의의가 있다는 얘기다.

앞의 음양수합에서 유추할 수 있는 건 '다음 회차에서 음양수합은 175 방향으로 움직이거나 아예 200대 이상으로 넘어갈 수도 있고, 당첨번호 대역은 균형삼각형으로 보면 0을 중심으로 12 이내지만 마이너스(-) 쪽 숫자가 5개 정도 나올 것' 정도를 알 수 있다. 이는 균형을 잡아간다고 할 경우 나타날 수 있는 움직임이 된다. 물론 반복의 움직임이 나타나서 이번과 비슷한 숫자의 흐름이 나올 수도 있다.

결과는 어땠을까.

균형을 잡았다. 경계수는 240으로 껑충 뛰었고, 균형수는 191.4로 떨어졌다.

(5/10일)16-23-33-34-(37)-**48-49 음양수합** 207

　　　　균형수열 9-2-**(-8)-(-9)-(-12)-(-23)-(-24) 균형수** 191.4

(5/7일) 4-7-12-(14)-20-40-**49 음양수합** 240

　　　　균형수열 21-18-13-11-5-**(-15)-(-24) 균형수** 235.4

(5/3일) 1-7-12-14-20-40-**49**　　**거울수** 3-**16**-**23**-**33**-39-43-**49**

이 사례를 보면 왜 균형수가 중요한지 알 수 있다.

경계수와 함께 보면 숫자의 조합이 어느 쪽으로 치우쳐 있는지를 알 수 있다. 5월10일의 당첨번호는 전전회의 거울수에서 4개가 올라가 형성됐지만 균형을 맞추려면 어떤 방향으로 어떤 번호대에서 숫자가 나올 것인가는 유추할 수 있게 된다.

———

로또 숫자는 균형을 갖추려 확산과 수렴 반복

핀란드 로또[(7+2)/39]의 2014년 2월1일 당첨번호를 보자. 7명의 1등 당첨자가 19억원씩 가져간 번호다.

(핀란드 2014년 2/1일)(13)-15-22-(24)-25-26-28-29-39　　**음양수합** 221　　**경계수차** −41

　　　　　　　　　　7-5-(-2)-(-4)-(-5)-(-6)-(-8)-(-9)-(-19)　　**균형수** 165

핀란드 로또는 경계수가 180이다. 균형수의 중간 값을 경계수에 맞춰 판단하기 쉽게 하기 위해 균형수에 2.33을 곱했다.

이것도 해석해 보면 음양수합만 볼 때 숫자가 39까지밖에 없는 숫자 가운데에서 비교적 높은 숫자로 이루어져 있음을 알 수 있다. 그런데 균형수는 경계수 180에 못 미치는 165다. 균형수가 경계수보다 적다는 것은 당첨번호의 숫자가 중심수인 20을 중심으로 가까운 숫자로 이루어져 있다는 의미다.

따라서 다음 회차의 당첨번호가 균형을 맞추기 위해서는 음양수합이 160 이하가 되어 20 이하의 숫자가 더 많을 것이고, 균형수는 더 커질 수 있으니 절대수가 높은 10 이하와 30 이상의 수 가운데 플러스 쪽인 10 이하에서 많이 등장할 것임을 예상할 수 있다. 다른 한편으로는 9개 숫자 가운데 20대에서 6개가 나왔으니 이 흐름이 반복된다면 20대의 숫자가 많은 가운데 다만 20 앞쪽 숫자가 많아지는 흐름을 보일 수도 있다.

(핀란드 2014년 2/8일) 5-14-16-18-(19)-21-(23)-24-28 **음양수합** 168

16-7-5-3-2-(-2)-(-4)-(-5)-(-9) **균형수** 123

중심수인 20 이하의 숫자에서 5개가 나왔고, 나머지도 20대의 숫자로 이뤄져 음양수합의 방향은 맞았지만 균형수는 오히려 더 적어졌다. 그러나 30번대 번호가 전혀 없었다는 점에서 20을 중심으로 움직인 지난번 흐름을 따랐다는 얘기다. 전체 숫자의 분포도가 20을 중심으로 하여 좌로 이동했다는 얘기다. 이 경우 균형수는 비슷하거나 조금 줄어들 수도 있는 모양이 된다.

이처럼 균형은 로또 숫자의 비밀을 푸는 데 마지막 패턴을 튜닝하는 중요한 영역이다. 로또 숫자의 등장은 언뜻 무질서해 보이지만 다양한 지표로 보면 균형을 맞추기 위해 나름대로 확산과 수렴을 반복하고 있음을 알 수 있다. 그리고 이는 질서 있게 움직이고 있는 우주의 법칙과 다를 바 없다.

경계수와 중심수, 균형수는 결국 균형을 잡기 위한 지표로 볼 수 있다.

17개에서 6개
고르는
암흑수 게임

지나간 전회, 전전회의 음양수와 거울수 28개에서 당첨번호를 유추하면 약 65.3%의 숫자가 반복되는 걸 알 수 있었다. 물론 수학적으로 접근하면 45개 숫자 가운데 28개는 62.2%에 해당돼 수치상으로는 3.1%포인트라는 작은 차이밖에 없다는 것도 알았다.

이는 구태여 음양수나 거울수를 동원하지 않고 아무 숫자 28개를 동원해도 4개 정도는 중복된다는 얘기와 같다. 다만 그래도 의미가 있는 것은 일단 28개의 숫자군을 뽑아내는 역할을 한다는 점과 여기에서 패턴을 읽을 수 있다는 점이다.

그런데 긴 자료를 분석해 보면 매번 이런 흐름을 보이는 건 아니다. 어떤 때는 전혀 음양수와 거울수에서 올라오지 않는 경우도 있다. 아직 정확한 원인을 알 수 없지만 한국과 일본처럼 국가가 주도하거나 경찰공무원의 입회 아래 추첨하는 로또의 경우는 경계수로 수렴되는 현상이나 음양수, 거울수를 이용하는 방식이 잘 맞는 편이라고 할 수 있다. 아무튼 전혀 거울수, 음양수가 필요 없는 경우도 나타난다. 어떤 때는 이 같은 흐름도 음양의 반복에 포함시켜야 하지 않나 하는 생각이 든다.

'잘 맞는 흐름'과 '잘 맞지 않는 흐름' 자체가 음양의 반복일 수도 있기 때문이다. 이 둘이 음양처럼 반복돼 나타나기도 하고, 어떤 때는 긴 시간으로 교차 반복되고 있다고 볼 수도 있다. 음양수와 거울수를 감안하더라도 35%의 영역은 전혀 알지 못하는 미지의 세계일 수도 있다.

물론 35%의 남아 있는 영역도 우리가 아직 모르는 하나의 패턴일 수도 있다.

음양수, 거울수도 소용없는 랜덤왜곡 현상

나는 이 35%에 속하는 영역을 랜덤왜곡(random's twist)이라고 이름을 붙였다.

로또 번호가 탄생하는 '로또 사건'은 아직 인간의 뇌와 오감이 완벽하게 측정할 수 없는 영역에서 발생한다. 그리고 숫자가 랜덤처럼 튀어나오는 부분, 즉 35%의 수치는 아직 우리가 패턴화하지 못한 영역의 결과물이라고 할 수도 있다. 랜덤왜곡에 '뒤틀림'이라는 의미의 트위스트(Twist)라는 단어를 쓴 이유는 이 또한 패턴으로 볼 수 있다고 판단하기 때문이다.

음양수나 거울수와 전혀 상관없는 영역에서 숫자가 나오는 랜덤왜곡 현상은 자주 나오지 않는다.

각국의 로또를 분석해 보면 6개월에 1~2번, 1년에 3~4번 정도 나올 뿐이다. 물론 커버리지 비율이 높은 스웨덴과 핀란드의 로또, 일본 로또7의 경우는 거의 나타나지 않는다.

다음은 랜덤왜곡의 사례다.

한국 로또 605호(2014년 7월5일)의 당첨번호로, 지난 두 번의 음양수와 거울수에서 가져온 숫자는 단 1개에 불과했다.

(605호) 1-2-7-9-10-38-(42)

2-6-18-21-(30)-33-34　　**거울수(역순배열)** 12-13-16-25-28-40-44

2-19-25-26-27-(28)-43　　**거울수(역순배열)** 3-18-19-20-21-27-44

이 결과는 통상 아래 두 번의 음양수와 거울수에서 65%의 중복되는 숫자가 나타나는 현상과 일치하지 않는다.

그러나 이처럼 음양수와 거울수가 전혀 쓸모없는 패턴이 나타나는 경우, 즉 랜덤왜곡 현상이 발생했을 때도 대비책은 있다.

바로 역이용하는 방법이다. 즉 아래 두 번의 음양수와 거울수를 제외한 숫자 가운데에서 숫자를 뽑아내는 것이다. 수치상으로는 이 방식이 음양수, 거울수를 활용하는 것보다 더 유리하다.

전회와 전전회의 음양수, 거울수에서 숫자를 뽑는 경우 모두 28개의 숫자가 나온다고 한 바 있다. 중복되는 숫자가 있어서 보통은 25개 정도가 되지만 일단 28개로 계산해 보자.

28개의 숫자가 쓸모없다고 보면 나머지 숫자는 45-28=17개가 된다.

17개 숫자는 28개보다 무려 9개나 적다. 28개에서 6개를 뽑는 것과 17개에서 6개를 뽑는 건 어느 쪽이 더 쉬울까?

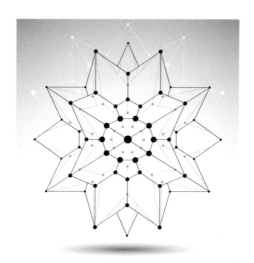

물론 주류인 '(6+1)/49' 방식의 경우는 49-28=21개가 되지만 이 또한 28개보다는 적어서 오히려 랜덤왜곡 현상이 발생했을 경우 좀 더 쉬운 게임이 되긴 한다.

문제는 언제 랜덤왜곡 현상이 발생할지 알 수 없다는 점이다.

보통은 균형수를 감안하여 지나치게 치우쳐 있을 때, 음양수와 거울수에 대칭수가 뜰 때, 연속된 번호가 3개 이상 나왔을 때 그다음에 랜덤왜곡 현상이 발생하는 경우가 많다.

이들 3가지 경우는 일단 이상한 흐름이 전개됐다고 볼 수 있다.

치우쳐 있다는 건 조만간 균형을 잡기 위해 큰 움직임이 있을 수 있다는 의미이고, 음양수와 거울수에 대칭수가 떴다는 건 선택할 번호의 수가 줄어들었다는 의미가 된다. 여기에 연속된 번호가 3개 이상 나오거나 2개씩 붙은 번호가 떨어져 있는 경우도 심하게 치우쳐 있다고 볼 수 있기 때문에 마치 땅에서 지진이 발생하듯 예측하기 어렵게 된다.

다음은 올해 봄에 나온 한국 로또로, 예측하기 어렵게 된 세 차례의 경우다.

(3월9일) 2-8-15-22-25-(30)-41 　합 143 　**거울수(역순)** 5-16-21-24-31-38-44

(3월2일) 14-(17)-21-29-31-32-37 　합 181 　**거울수(역순)** 9-14-15-17-25-29-32

(2월22일) 2-(5)-7-12-15-21-34 　합 96 　**거울수(역순)** 12-25-31-34-39-41-44

세 번 연속 랜덤왜곡 현상이 발생했다고 볼 수 있다.

2월22일의 당첨번호는 전회와 전전회에서 나오지 않았다. 한 달 전의 번호와 더 닮았다.

더구나 음양수합이 겨우 96으로, 앞쪽 부분의 숫자로만 이뤄진 1년 가운데 한 번 정도 나올까 말까한 숫자가 등장했다.

3월 2일에는 14-17-29-32 숫자가 음양수와 거울수에서 동시에 대칭 번호로 등장했다. 또한 전회의 음양수합이 96으로 워낙 적었기에 음양수합은 181로 두 배 가까이 커졌다.

3월 9일 음양수합은 143으로 정상궤도로 돌아오며, 전회 거울수에서 15와 25를 가져왔다. 조금 나은 흐름을 보여 주지만 평상시와 비교하면 부족한 모양새다.

———

암흑수에서 유추하는 건 더 쉽다

이처럼 당첨번호에 음양수와 거울수가 등장하지 않을 때 가질 수 있는 17개(49방식의 경우 21개)의 숫자를 암흑수(dark number)라고 이름 지었다.

우리는 우주가 지구와 인간을 구성하고 있는 것 가운데 우리가 알고 있는 물질 4%, 아직도 모르는 23%의 암흑물질, 아직 밝히지 못한 73%의 암흑에너지로 이뤄져 있음을 알고 있다.

과학자들이 말하는 우주의 암흑은 아직 우리가 모르는 영역이기 때문에 거울수와 음양수 이외의 숫자에 암흑수라는 이름을 붙였다.

음양수와 거울수로 알 수 없는 35%의 영역, 즉 랜덤왜곡이 패턴으로 발생할 때는 이처럼 암흑수에서 숫자를 뽑아내면 된다.

암흑수가 등장했다고 당황해 할 필요는 없다.

역이용하면 더 쉽기 때문이다. 음양수와 거울수를 이용한 숫자 읽기가 '6/28' 게임이라면 암흑수를 이용하면 한국 로또는 '6/17' 게임이 된다.

한국과 일본,
스웨덴과 핀란드 로또는
비슷하게 움직인다

세계 각국의 로또를 들여다보면 몇 가지 재미있는 사실도 알게 된다.

시공간이 비슷한 곳의 로또는 닮은 점도 나타난다는 점이다. 물론 우연일 수도 있지만 흐름, 즉 확산 및 수축이나 강한 거울수의 등장과 연속수 발생 등이 닮는 경우가 많다. 경계수는 음양수와 거울수를 구분하는 문지방이다.

그리고 경계수가 나타났다는 얘기는 음양수합과 거울수합이 같고 그 숫자가 바로 경계수, 즉 경계수까지 모두 3개 지표가 같다는 얘기다. 한국 로또를 예로 들면 보너스 숫자를 포함하여 161이 경계수다. 그런데 경계수 161이 나타났다는 얘기는 음양수합과 거울수합도 똑같이 161이란 얘기이고, 이는 정규분포 그래프의 정중앙에 위치한다는 뜻이다. 완벽한 균형을 갖춘 수인 셈이다.

———

경계수는 완벽한 균형의 수

경계수는 자주 등장하지도 않는다. 경계수는 정규분포 그래프의 중간 값인데 한국 로또는 322개밖에 없어서 평균으로는 1년에 한 번 정도 나타나야 정상이다.

그러나 한국 로또의 경우 10년이 넘는 로또 역사에서 2014년 1월18일 581회를 포함하여 경계수가 나타난 적은 6번밖에 없었다.

468회(2011년 11월19일), 403회(2010년 8월21일), 398회(2010년 7월17일), 339회(2009년 5월30일), 163회(2006년 1월14일), 35회(2003년 8월2일) 등 1년에 한 번 꼴도 되지 않았다.

이 얘기는 경계수가 등장하는 건 매우 드물다는 얘기와 같다.

그런데 한국과 일본에서는 2014년 초 비슷한 시기에 경계수가 나타난 적이 있다.

한국에서는 1월18일(581회)에 음양수합이 161이 됐다. 물론 거울수합도 161이다.

일본 로또7[(7+2)/37]에서는 한국보다 일주일 정도 늦은 1월24일(42회)에 경계수 171이 등장했다.

(한국 1월18일) 3-5-14-20-(33)-42-44   **경계수 161**   **거울수** 2-4-13-26-32-41-43

(일본 1월24일) 2-(8)-15-16-17-23-(26)-31-33 **경계수 171**

　　　　　　　　　　　　　거울수 5-7-12-15-21-22-23-30-36

한가지 덧붙이면 일본의 로또6[(6+1)/43]에서도 한국보다 한 달 정도 빠른 2013년 12월24일에 경계수가 나타났다. 우연치고는 묘한 우연이다.

국경을 나란히 하고 있는 스웨덴과 핀란드에서는 같은 날에 경계수가 등장했다.

핀란드 로또[(7+2)/39]와 스웨덴 로또[(7+4)/35]는 2013년 12월28일 토요일에 경계수가 발생했다.

(핀란드 2013년 12월28일) 2-4-(6)-19-22-25-26-(37)-39   **경계수 180**

　　　　　거울수 1-3-14-15-18-21-34-36-38

(스웨덴 2013년 12월28일) 7-9-10-12-13-(16)-(19)-21-(27)-29-(35)   **경계수 198**

　　　　　거울수 1-7-9-15-17-20-23-24-26-27-29

두 나라는 추첨 횟수가 다르다.

스웨덴 로또는 일주일에 수요일과 토요일 두 번, 핀란드 로또는 토요일에 한 번 추첨한다. 그래서인지 스웨덴 로또는 12월28일(토) 당첨번호의 합이 핀란드와 같이 경계수가 발생했는데 묘하게 그다음 추첨일인 1월1일(수)에도 경계수가 발생했다.

여기에 일주일 전인 12월11일과 14일에도 경계수가 연달아 등장한 특이한 현상이 발생했다.

경계수가 크다는 것은 정규분포 그래프의 가로인 X축이 더 길다는 얘기다.

한국의 경계수 161이 322개에서 1개라면 핀란드는 360개에서 1개, 스웨덴은 396개에서 1개라는 얘기다. 물론 확률, 즉 조합의 수가 다르긴 하지만 그리 자주 나올 수 있는 상황은 아닌 셈인데 묘하게 비슷할 때 동시에 나타났다.

실제로 X 구간이 가장 짧은 일본의 미니로또[(5+1)/31]의 경우 경계수는 96으로, 192개 가운데 1개 구간이 된다. 가짓수도 16만여 개로 경계수가 자주 나타날 것 같지만 최근에는 2012년 1월31일 나타난 뒤로 무려 2년 6개월 동안 없다. 이 기간에 경계수 지수가 99.1로 좌로 치우쳐 있음과 연관이 있어 보인다.

경계수가 등장했다는 건 음양수와 거울수가 같다는 얘기이고, 이는 숫자상으로 양쪽이 완벽한 대칭의 모습을 보였다는 것이다.

물론 합이 대칭의 모습이라고 음양수와 거울수의 숫자까지 같은 건 아니다. 바로 옆 숫자가 등장해 합이 비슷할 뿐이다. 다만 경계수가 등장하면 이후 음양수나 거울수를 이용한 숫자 유추 방식이 잘 맞지 않는 경향이 있다.

한국과 일본, 핀란드와 스웨덴의 예에서 보듯 각각 우연하게 이웃 국가에서 비슷한 날짜에 경계수가 등장했다는 건 비슷한 흐름이 존재할 가능성이 높다고 봐도 될 듯하다.

일본과 홍콩 로또에 '8' 동시 출현

이 밖에 특정한 숫자가 특별한 때 나타나는 경우도 종종 등장한다.

로또의 세계에서 5, 6, 7, 8, 9 등 뒤쪽 단수는 자주 나오지 않는다. 기본적으로 로또 게임은 45나 49까지 제한된 닫힌 세계이기 때문에 50~100에 속한 숫자들은 거의 나타나지 못하기 때문이다.

45까지 숫자가 있는 한국 로또를 보면 '8'은 4개에 불과하다. 8, 18, 28, 38이다. 그러나 3은 무려 15개나 있다. 3, 13, 23, 30, 31, 32, 33, 34, 35, 36, 37, 38, 39, 43이 주인공이다. 여기서 33에는 3이 두 번 중복된다.

2014년 8월5일 홍콩 로또[(6+1)/49]와 일본의 미니로또[(5+1)/31]를 비교해 보자.

미니로또 1-8-9-10-13-(18)　　　**음양수합** 56

홍콩로또 5-7-8-(14)-18-24-29　　　**음양수합** 105

언뜻 보면 연관성이 없어 보이지만 이날 동시에 '8'과 '18'이 등장했다.

이는 매우 드문 일이다. 1, 2, 3이란 숫자는 흔하지만 6, 7, 8, 9는 자주 나오지 않는다. 그러나 이처럼 동시에 등장했다는 의미는 시공간이 비슷한 곳에서는 좀 닮은 모습이 가끔 보인다고 해석할 수 있다.

흐름도 비슷했다. 전회 음양수합을 비교해 보면 둘 다 경계수보다 높은 위치에 있었다. 경계수가 96인 일본 미니로또는 111, 경계수 175인 홍콩 로또는 192에 있었다. 그리고 이날 동시에 두 로또는 음양수합이 경계수 아래로 떨어지면서 균형을 맞췄다.

이보다 열흘 정도 전인 7월26일 한국 로또에도 '8'이 등장했다.

한국 로또 4-8-18-19-39-(41)-44　　　**음양수합** 173

한국이 일본보다 1주일 빠른 흐름을 보인다

그런데 한국 로또는 이때만 '8' 단수가 나타난 건 아니다. 이때를 전후해 '8'이 강한 코어 단수로 등장했다. 바로 전주인 7월19일에는 8-38, 일주일 뒤인 8월2일에는 8, 그다음 주인 8월9일에는 18-28이 각각 등장했기 때문이다.

7월 중순 이후 한국 로또에 '8'이란 숫자가 등장하기 시작하고 조금 뒤 일본과 홍콩에서도 '8' 단수가 힘 있는 숫자로 등장한다.

물론 우연일수도 있지만 자주 발생하는 일도 아니다. 따라서 이 시기에 '8'이란 숫자가 좀 강한 기운을 받아 등장한 건 아닐까 하는 생각도 든다.

한국, 일본, 홍콩의 로또를 비교해 보면 한국 로또가 조금 빠른 흐름을 보이는 경우가 많다.

즉 한국 로또 당첨번호의 수렴과 확산, 힘 있는 코어 숫자의 등장, 연속수의 등장과 같은 흐름이 조금 뒤 일본과 홍콩의 특히 일본 로또에 등장하는 경우가 비교적 많았다.

일본에서 로또를 즐기는 일본인이라면 알아둘 필요가 있다.

방향을 정하고
가짓수를 좁혀라

로또는 확률게임이다. 그런데 확률은 절대 바뀌지 않는다.

그렇다면 자신의 의지로 로또를 구매하고자 한다면 한쪽을 포기하고 다른 한쪽을 선택하는 베팅의 개념으로 접근할 수밖에 없다.

그렇게 해도 800만~1300만분의 1이 넘는 희박한 당첨 확률에 방향을 정해 봐야 절반으로 줄어들 뿐이다. 이 또한 방향이 맞았다는 보장도 없다.

그러나 어차피 1000원짜리 판돈인 게임을 즐겨야 한다면 이런 방식으로 조합의 수, 즉 가짓수를 좁히는 방법으로 접근할 수밖에 없다.

그리고 모든 선택의 중심 이론에는 '균형과 대칭'이 존재한다. 따라서 각종 수치가 한쪽으로 치우쳐 있다면 오히려 판단하기 쉬워진다.

———

정하기 1/ 경계수 138보다 적은가 많은가

당첨번호의 합으로 그린 정규분포 그래프는 로또 분석에서 기본 지표다. 정규분포 그래프의 한가운데 값을 기준으로 하여 숫자가 적은 쪽과 많은 쪽이 대칭을 이룬다. 그리고 한가운데 값은 바로 경계수다. 그리고 경계수는 음양수합, 거울수합과 같다. 따라서 로또게임에서 경계수는 바로 '완벽하게 균형을 맞춘 한가운데 숫자가 되는 것이다.

한국 로또 당첨번호의 합인 음양수합은 6개 숫자를 기준으로 할 때 138, 7개 숫자를 기준으로는 161로 각각 수렴된다는 걸 이미 알고 있다. 138과 161이 바로 경계수가 된다. 따라서 로또 숫자를 고를 때 가장 먼저 해야 할 일은 다음번 음양수합이 경계수보다 작을 것인가 클 것인가를 정하는 것이다. 그동안 추세를 보면 경계수보다 세 번 이상 한 방향으로 잡힌 경우는 많지 않았다. 따라서 최근의 음양수합이 경계수보다 작거나 큰 수치가 세 번 이상 나왔다면 반대 방향으로 베팅하는 게 바람직한 선택이 된다.

한국 로또 605회(2014년 7월5일)와 606회의 예를 들어 보자.

(606회) 1-5-6-14-20-39 **음양수합 67 경계수차 −71**

(605회) 1-2-7-9-10-38 **음양수합 85 경계수차 −53**

경계수가 138인 이 게임에서 이처럼 경계수차가 30% 이상씩 지나치게 벌어진 상황이 두 번 이상 연속됐다면 이는 '균형이 깨진 상태'로 볼 수 있다. 따라서 다음 회차의 음양수합은 경계수 138을 대칭으로 하여 반대 방향으로 갈 것이고, 수치는 160 이상 또는 근방일 가능성이 높아졌다. 게임 참가자 입장에서 보면 138 이하의 영역을 포기하는 방법이 된다.

———

정하기 2/ 합의 번호대 정하기

방향을 정했으면 적절한 번호대를 선택할 수 있다. 균형 차원에서 선택하면 된다.

앞에서 음양수합이 138보다 턱없이 모자란 85−67이 연속으로 나왔고, 따라서 다음의 음양수합은 160 이상이 될 것으로 예측했다.

음양수합 160 근방이라면 40대의 번호가 1개 정도 들어갈 수 있다. 통상적으로는 1단위 번호대에서 1개, 10단위 번호대에서 1개, 20단위 번호 후반대에서 2개, 30단위 번호대에서 1~2개의 배열이 된다.

만일 40번대가 나오지 않는다면 30단위 번호대, 그것도 후반대에서 2개 정도가 들어가야 음양수합이 160에 맞게 나온다.

실제로는 607회에서 음양수합이 158이었다.

(607회) 8-14-23-36-38-39 음양수합 158 경계수차 +20

605회와 606회에서 나온 숫자를 보면 1단위와 10단위 번호대에서 4~5개씩 나왔음을 알 수 있다. 따라서 160 부근이 예상되는 음양수합에서는 당연히 30대 단위와 40대 단위에서 나올 수 있다. 실제로는 전회 및 전전회 음양수에서 각각 단수 숫자가 가장 높은 38과 39를 가져갔다.

———

정하기 3/ 중심수에서 좌우의 방향 판단

번호대를 정할 때 잊어서는 안 되는 부분이 중심수에서 좌우로 어느 쪽에 숫자가 많으냐다. 중심수인 23보다 왼쪽이면 작은 수가 많았다는 얘기이고, 23보다 큰 쪽에 많았다면 큰 숫자가 많았다는 얘기다.

605회와 606회 당첨번호를 보면 모두 23보다 작은 쪽에 숫자가 치우쳐 있다. 23보다 큰 숫자는 1개씩 38과 39뿐이었다.

따라서 607회에는 23보다 높은 숫자가 많이 등장할 것으로 보면 맞다. 그것도 6개 숫자 가운데 적어도 4개 이상이다. 실제로 23-36-38-39로 4개가 나왔다. 숫자의 대부분이 반대 방향으로 가서 균형을 맞춘 것이다.

———

정하기 4/ 글로벌 부분 체크

한국과 일본의 로또 움직임이 비슷하다고 한 바 있다. 매번 그런 것은 아니지만 추첨하는 지역의 위도와 경도가 비슷하면 움직임도 비슷해진다. 다만 상품별 표본공간이 다른 점을 감안하여 체크해야 한다.

한국은 45가 최대수다. 일본은 31, 37, 43이 최대수인 3개의 다른 상품이 존재한다. 홍콩의 '마크식스'는 글로벌 표준인 49개의 숫자에서 6개를 뽑는다. 또한 홍콩 로또는 일주일에 3번, 일본의 로또6은 2번 각각 추첨한다. 이 같은 점을 감안하여 볼 필요가 있다.

단수 경계수
활용해 숫자 고르기

로또게임의 핵심은 결국 '숫자 고르기'다.

방향을 정하고 중심수에서 큰 쪽이냐 아니냐로 접근했다 해도 번호를 제대로 고르지 못한다면 소용이 없기 때문이다. 따라서 여전히 균형을 잡을 지표를 잘 살펴봐야 한다. 다만 숫자 고르기에서 보너스 숫자까지 포함시킨 지표를 통해 패턴을 읽는 편이 바람직하다는 건 확실하다. 물론 한국 로또의 경우 7개로 패턴을 읽고 6개의 숫자를 고르는 방식이 된다.

────

정하기 1/ 균형수에서 확산과 수렴을 결정한다

중심수가 작은 숫자군과 큰 숫자군으로 나뉘는 지표라면 균형수열과 균형수는 숫자의 확산과 수렴을 알려주는 지표가 된다. 균형삼각형에서 0 부근, 즉 중심수 쪽에 번호가 몰려 있다면 다음은 1과 마지막 숫자 쪽으로 치우쳐질 가능성이 높다. 균형수열로 보면 절대수가 높은 쪽이 된다. 앞에서 살펴본 606회 주변의 균형수열과 균형수를 보너스 번호까지 포함하여 살펴보자. 이 경우 경계수는 161이 된다. 균형수의 기준이기도 하다.

(607회) 균형수열 15-10-9-0-(-13)-(-15)-(-16) **균형수** 163(절대수합에 2.3을 곱함)

(606회) 균형수열 22-18-17-9-3-1-(-16)   **균형수** 179

(605회) 균형수열 22-21-16-14-13-(-15)-(-19) **균형수** 247

균형수는 중심수를 0으로 놓았을 때 양쪽으로 멀어질수록 커지는 숫자다. 따라서 절대수 값이 크면 시작과 끝 부분의 숫자라는 뜻이다.

605회의 균형수를 보면 지나치게 균형삼각형의 아래쪽에 치우쳐져 있음을 알 수 있다.

즉 확산의 모습을 보인다. 경계수와 비슷한 흐름을 보이도록 만들었지만 보너스 번호를 포함한 경계수 161과 비교하면 지나치게 치우쳐져 있음을 알 수 있다. 따라서 다음 회차인 606회에서는 균형수가 경계수 비슷한 수준까지 떨어질 것으로 봤으나 실제로는 179가 되었다.

그런데 606회의 균형수열을 보면 마이너스(−)대 숫자는 단 1개였다. 23 이상의 큰 숫자가 딱 하나였다는 얘기다. 따라서 다음 회차인 607회에서는 마이너스(−)대, 즉 23 이상의 숫자가 4개 이상이면서 균형수는 161 부근으로 재진입할 것을 예상할 수 있다. 다만 160대로 수렴한다면 확산의 모습이 아니기 때문에 40대 숫자가 나오기는 힘든 모습, 즉 낮아도 40이나 41은 나올 수 있지만 그것도 약간 어려운 모양새가 된다.

결국 30대 숫자에서 좀 더 많은 숫자가 나올 것임을 짐작할 수 있다.

———

정하기 2/ 음양수와 거울수를 살펴라

당첨번호를 유추할 때 전회 및 전전회의 음양수와 거울수를 보면 평균 4.5개를 찾을 수 있다고 밝힌 바 있다. 균형수를 통해 30대 숫자가 좀 더 많이 등장할 것으로 예측했다면 이제는 음양수와 거울수에서 번호를 골라 보자.

(607회) 8-(13)-**14**-23-**36**-**38**-**39**

(606회) 1-5-6-**14**-20-(22)-**39**   **거울수** 7-(24)-26-32-40-41-45

(605회) 1-2-7-9-10-**38**-(42)   **거울수** (4)-8-**36**-37-**39**-44-45

40대 숫자에서 조합한다면 40이나 41을 하나 정도 넣은 조합을 만들 수 있다.

그리고 30대 숫자가 중심이라고 본다면 36-37-38-39에서 고를 수 있다. 20대 숫자에서는 1개 정도 예상되는데 23 이상의 숫자 가운데 23-24-26이 나온다.

솔직히 고르기는 쉽지 않지만 실제로 607회 당첨번호는 무려 5개나 음양수와 거울수에서 올라옴으로써 비교적 쉬운 조합이 됐다.

정하기 3/ 단수 경계수에서 숫자 조합을 추리한다

번호대를 고를 때 40대와 30대 후반은 차이가 있다. 바로 단수의 합에서 39는 12가 되지만 45는 9밖에 되지 못하기 때문이다. 따라서 단수 경계수도 중요한 지표가 된다. 단수 경계수를 통해 보면 왜 45보다 38과 39가 더 필요한 숫자가 되는지 알 수 있다. 여기에서는 보너스 번호를 배제하고 체크해 보자.

(607회) 8-14-23-**36**-**38**-**39**   **단수합 50**   **단수경계수차 +11**

(606회) 1-5-6-**14**-20-**39**   **단수합 31**   **단수경계수차 -8**

(605회) 1-2-7-9-10-**38**   **단수합 31**   **단수경계수차 -8**

한국 로또에서 숫자로 본 경계수는 6개 숫자일 때 138, 7개 숫자일 때 161이라고 계산한 바 있다. 그러나 단수 경계수는 다르다. 단수로 가장 작은 수는 1-11(2)-2-3-12(3)-21(3)에서 14, 가장 큰 수는 39(12)-38(11)-29(11)-37(10)-28(10)-19(10)에서 64가 각각 나온다. 그렇다면 단수 경계수는 64+14=78을 2로 나눈 39가 된다.

605회와 606회는 단수합이 31밖에 되지 않았다. 따라서 607회에는 단수합이 39보다 위쪽, 즉 50 근방으로 볼 수 있다. 6개 숫자의 단수합이 50 부근이 되려면 10 이상의 숫자가 3개 정도는 나와야 맞힐 수 있다. 그런데 단수합이 10 이상이 되는 숫자는 45까지 숫자 가운데 6개밖에 없다. 바로 앞에서 가장 큰 수로 예를 든 39-38-37-29-28-19다.

이 가운데 음양수와 거울수에 등장한 숫자로 39-38-37이 있다. 실제로 607회에서는 38과 39가 등장했다. 몇 가지 숫자로 조합했다면 37이 들어간 조합도 있었을 것이다.

또한 단수를 조합할 때 5 이상의 수, 즉 '5, 6, 7, 8, 9, 0'이 나오는 패턴은 눈여겨 볼 필요가 있다.

이들 숫자는 7-17-27-27처럼 4개 정도밖에 존재하지 않아서 6개를 고르는 번호에서 2개 이상 등장했다면 의미를 두고 판단할 필요가 있기 때문이다. 이른바 대세 숫자로 등장한 것인지 음양수합의 균형을 맞추기 위해 등장했는지 생각해 볼 필요가 있다.

———

정하기 4/ 보너스 숫자를 버리고 6개 숫자 조합을 참고한다

어차피 숫자 고르기는 6개에 편중된다. 다양한 지표로 패턴을 찾기 위해서는 보너스 번호까지 포함된 7개로 접근하는 편이 유리하지만 마지막에 숫자를 고를 때는 보너스 번호를 뺀 6개만으로 된 지표를 참고로 선택하는 편이 좋다. 어차피 최종 선택은 '6개 번호'이기 때문이다. 이는 마지막 튜닝의 비법이 된다.

'당첨자'가 늘어나면 랜덤에 패턴이 있다는 증거다

●

이 책은 수학자 입장에서는 '쓸모없는' 책이 된다.

로또의 당첨 확률은 조합의 수가 정해져 있기 때문에 한국 로또 1등의 당첨 확률은 814만5060분의 1에서 달라지지 않는다. 여기서 내가 주장하듯 우리가 사는 세상이 닫힌 세상이므로 '랜덤 속에 패턴'이 있다고 하더라도 당첨번호로 가는 방향만 잡아줄 뿐 조합의 수는 바뀌지 않기 때문에 당첨 확률은 달라지지 않는다. 즉 패턴의 존재와 당첨 확률은 별개의 문제다.

그러나 내가 의문을 품고 우주와 지구의 질서 속에서 캐내 엮어 본 '음양수', '거울수', '경계수'로 판단하는 '균형과 대칭의 법칙'이 무작위로 터지는 듯한 로또 숫자의 세계에서 조금이라도 들어맞는다면 다음과 같은 일이 벌어질 수 있다.

———

집단지성으로 결과를 앞당길 수 있다

바로 아무런 이유 없이 당첨자 수가 늘어나는 것이다. 1등과 2등, 3등은 물론 심지어 5등까지도 당첨자가 늘어난다면 이 책이 말하는 '랜덤 속에도 패턴이 존재한다'는 사실은 증명이 된다. 왜냐하면 이 책에 나오는 방식대로 한다고 하면 패턴이 존재한다는 것이고, 이는 아무리 당첨 확률이 희박하다고 해도 베팅 개념으로 패턴을 이용하여 접근한 다면 결국 당첨번호에 가깝게 다가가는 것이기 때문이다.

다만 그렇다고 해도 워낙 희박한 확률이 덜 희박한 것처럼 되는 것뿐이니 개인이 패턴의 효과를 체험하기는 어렵다고 할 수 있다.

그러나 개인이 아닌 집단이라면 다르다.

수많은 사람이 이 책대로 로또 숫자를 예측해 사 봤더니 갑자기 당첨자가 많아졌다면 그건 결과를 앞당긴 사례가 된다. 집단이 효과를 증명한 것이 되기 때문이다. 마치 어차 피 시간이 필요한 계산을 PC가 아닌 슈퍼컴퓨터로 계산해 빨리 끝내고 결론을 낸 것과 같게 된다.

무극에서 빅뱅이 터지고 현재의 세상이 만들어졌지만 나는 생명이 탄생하고 존재하는 것 자체가 바로 '패턴의 하나'라고 믿는다. 따라서 인간이 콧구멍과 팔과 다리를 각각 2 개 지닌 것도 패턴이며, 생명에 수명이 존재하는 것도 패턴의 하나라고 생각한다.

이런 의미에서 확률이 존재하는 로또 숫자의 세계에도 패턴이 있다고 보고 있다. '음양 수', '경계수', '거울수'는 균형을 유지하기 위해 존재하는 수로 볼 수 있다. 전 세계의 로또 가 종류도 많고 방식도 달라서 아직 빅데이터를 활용해 증명해 보지는 못했지만 누군가 그 역할을 해 줄 것으로 믿는다.

상상력은 우주에서 가장 창의적인 작업

만일 패턴이 없다고 해도 상관없다. '상상력'으로 어떤 일에 도전해 본 것 자체가 의미 있다고 생각하기 때문이다.

이 세상에 무의미한 것은 없다. 저쪽에 자리 잡고 있는 바위 같은 무생물이라도 그곳에 존재한다는 것 자체가 우주라는 큰 틀에서 내려다보면 이유가 있어서 그 자리에 존재하는 것이다.

'무의미'라는 단어는 인간이 만들었다. 우주의 존재로 볼 때 인간의 지적 수준이 어느 정도인지는 아직 잘 알지 못한다. 어쩌면 미물 수준인지도 모르는 편협한 인간의 시각과 지식 속에서 만들어 낸 '무의미'는 우주의 관점에서 보면 '무식'과 같은 단어다.

상상력은 이득을 따지는 인간에게는 '무의미한 낭비'인지 모르겠지만 우주의 드넓은 시야로 보면 가장 창조적인 작업이자 인간이 가장 잘할 수 있는 경쟁력이기도 하다.

로또는 현재 인류가 가장 많이 즐기는 경제 활동이 됐다. 시장 규모가 200조원을 넘어가지만 경제학자를 비롯한 지식인들은 관심이 없다. 로또 숫자가 아닌 로또의 현상에 관한 연구가 필요한 시점이라고 본다. 그리고 정부는 책에서 주장한 것처럼 '외국인 전용 로또'를 개발해 복지비용으로 활용하는 방법도 고민해 볼 때라고 생각한다.

한국의 1000만 서민들에게 조금이라도 도움이 되기를 바라며 글을 맺는다.

힐링의 순간

균형을 찾아가는 방법 5가지

장황하게 여러 가지 지표를 예로 들어 설명했지만 모두 그렇게 보이는 착각이기도 하다. 다만 그래도 지표를 통해 보면 조금 편하기 때문에 만든 것일 뿐이다.

그런데 가끔 음양수합이 경계수에서 30% 이상 떨어지는 경우가 발생한다. 50에서 150까지 단계로 100을 중심에 둔 경계수 지수로 계산하면 115나 85가 나오는 것인데 이 경우는 음양수합이 110 이하나 190 이상이 될 때다. 보너스 숫자까지 포함하여 경계수 161로 계산할 때는 음양수합이 120 이하나 200 이상이 나올 때다. 이 경우 이후 5회 이내에 다른 방향으로 크게 움직여서 무게중심을 맞추려는 현상이 발생한다.

1
마음의 균형

사람에 대한 얘기다. 정신 건강을 위해서는 로또를 일상생활의 일부로 취급하면 좋다. 커피한 잔 마시는 것 정도. 지나치게 대박의 환상으로만 보거나 집착하는 건 바람직하지 않다. 마음먹기에 따라 로또는 힐링이 될 수도 있다. 다만 그건 스스로 만들어야 한다. 스스로 균형을 찾아가는 생각을 하게 되면 균형을 찾는 방법도 쉽게 보인다.

2
무게의 균형

6개 당첨번호의 합(음양수합)은 정규분포 그래프의 중앙값, 즉 경계수 138로 수렴된다. 그리고 이는 138이 나오는 숫자의 조합이 가장 많기 때문에 나오는 자연스런 현상이다. 따라서 현실에서는 수렴되는 것처럼 보이고 무게중심을 잡으려는 모습으로 나타난다. 이 책은

3
기울기의 균형

지구는 기울어져 있다. 동양철학에서는 이를 '3양2음'운동(2부3장 참조)으로 풀이한다고 설명한 바 있다. 지구는 성장, 즉 욕심이 있는 세상이다. 성장과 휴식을 비교할 때 3대2 정도 성장이 앞서는 세계다. 여기에서 엘리엇파동의 '상승3파 하락2파'도 나왔고, 주식 동향이 실제로 성장 그래프를 나타낸 것도 사실이다. 죽음과 폐업은 '3양2음'의 또 다른 균형 잡기임이 틀림없다.

그래선지 로또 번호에도 변칙이 등장한다. 크게 보면 랜덤이라는 틀 안에서 발생하는 잔잔한 일들이지만 현실에서는 변칙으로 해석할 수 있다.

가끔 이 책에서 말하는 전회 및 전전회의 음양수와 거울수가 아닌 전전전회, 즉 3주 전 또는 3회차 전 번호에서 당첨번호가 등장하는 경우도 생긴다. 숫자가 연속으로 3~4개 이어져서 등장하는 것도 변칙의 일부로 볼 수 있다.

변칙도 균형을 잡아가는 과정의 하나지만 다만 이때는 기울기, 즉 에너지가 커져서 대부분 1등 당첨금이 많아지는 경우가 생긴다.

4
숫자의 균형

앞에서 말한 무게 및 기울기의 균형과 같은 말이지만 실제로 눈에 보이는 건 바로 숫자다. 45개이건 49개이건 숫자가 표본 공간의 주인공이기 때문이다. 따라서 숫자로 나타나는 변화가 가장 많이 눈에 띄고 등장한다.

힘이 센 숫자(코어넘버)가 등장하면 주변의 숫자로 채우는 경우가 자주 나온다.

힘이 센 숫자는 두 가지 형태로 등장한다. 연속된 수와 매회 같은 숫자 등장이다. 두 경우 모두 '숫자 폭발과 분산' 형태로 균형을 만든다.

연속된 수, 예로 들면 23-24-25가 나왔다면 조만간 주변 숫자인 22와 26이 등장하는 경우가 많다. 또 힘이 센 숫자, 즉 11이란 숫자가 3~4주 연속으로 등장한다면 이후에 10과 12가 등장할 가능성이 높다.

물론 숫자가 아닌 단수도 마찬가지다. 단수경계수나 연속 단수 등이 등장하고, 이후 흐름은 숫자 때와 비슷해진다.

5
완벽한 균형도 변칙의 일부다

균형을 이뤘다면 움직임은 멈출까? 지구는 기울어져 있다. 균형을 맞췄어도 균형은 다시 금방 깨진다. 로또 분석에서 완벽한 균형은 몇 가지 형태로 등장한다.

그 가운데 '경계수의 수렴', '음양수와 거울수의 대칭 형태'가 대표적이다.

6개 당첨번호의 합이 138, 즉 경계수가 1380이 됐다고 해도 균형이 잡혔으니 한동안 1380이 나오는 건 아니다. 138 역시 균형을 맞추는 가운데 지나가는 구간일 뿐이다. 로또의 균형은 숫자가 아닌 공간의 활용으로 볼 수 있다. 정규분포 그래프의 면적이 바로 한국 로또의 경우 814만5060개의 점이 찍혀 있는 공간이며, 그 표본공간 안에서 모든 사건이 벌어지기 때문이다.

'음양수와 거울수의 대칭 형태'는 양쪽에 등장한 숫자 가운데 3개 이상이 겹치는 현상이다. 심지어 4~5개가 겹치는 경우도 있다.

경계수 및 음양수와 거울수의 대칭 형태, 연속수의 등장은 변칙의 일부다. 따라서 이후에는 당첨번호에 더 복잡한 형태가 등장하는 경우가 많다. 더 어려운 숫자가 나온다는 얘기다.

결국 균형 역시 전체의 큰 흐름으로 보면 변칙의 하나일 뿐이다. 그래서 로또에 정답은 없는 것이다.

한국 로또 407억원
2003년 4월12일
(19회)

161

(6+1) | 45방식 | 경계수 138(161) | 중심수 23

음양수							음양수 합
6	26	30	38	39	40	△43	222
3	12	13	19	29	32	35	143
1	3	4	9	17	32	37	103
6	7	24	33	37	38	40	185
3	4	13	16	30	31	37	134
2	⑥	12	⑮	㉛	33	㊵	139

초창기 변동 폭 클 시기 맞아 에너지도 컸다

거시분석
균형수와 큰 수에서 접근하면 방향 일치

수학식 확률로만 보면 로또는 1회에 구입하든 600회에 사든 누구에게나 모두 같은 조건이다. 그러나 정규분포 그래프로 접근하면 처음 1년 정도는 데이터가 많지 않아서 제대로 된 그래프를 그리지 못한다. 왜냐하면 수학식 확률은 '큰 수의 법칙'이라는 용어가 말해 주듯 데이터가 많을수록 신뢰도가 높게 된다는 법칙이 이때는 작동하지 못하기 때문이다.

2002년 12월7일 등장한 한국 로또는 처음 30회 정도까지는 변동 폭이 꽤 컸다. 보너스를 포함한 18회까지 경계수 평균은 166.3으로 1610이라는 경계수보다 꽤 높은 숫자가 나왔다. 그런데 19회째는 당시까지 가장 큰 경계수인 222가 등장해 결국 당첨자를 1명밖에 배출하지 못하는 변칙이 발생했다. 이 숫자는 2004년 11월27일 104회에 경계수 237이 등장할 때까지 최고치였다.

이처럼 흔들릴 때는 사실 방향 잡기도 불가

거울수

3	6	7	8	16	20	40
11	14	17	27	33	34	43
9	14	29	37	42	43	45
6	8	9	13	22	39	40
9	15	16	30	33	42	43
(6)	13	(15)	(31)	34	(40)	44

균형수열과 균형수

17	-3	-7	-15	-16	-17	-20	197
20	11	10	4	-6	-9	-12	151
22	20	19	14	6	-9	-14	215
17	16	-1	-10	-14	-15	-17	187
20	19	10	7	-7	-8	-14	177
21	17	11	8	-8	-10	-17	191

능하다. 다만 균형수를 보면 18회까지 177-187-215-151의 큰 폭으로 움직임으로써 다음번 회차에서 양단으로 치우친 모양인 190~200 사이가 등장할 것으로 짐작할 수 있었을 뿐이다.

또한 중심수 23보다 큰 수가 3-5-2-3으로 들쭉날쭉하고 있었으나 극단으로 치우치는 숫자가 등장한다면 중심수보다 큰 수가 최대 5개까지 등장할 수 있음을 짐작하게 했다.

미시분석
연속수와 전전전회라는 변칙이 등장
경계수가 143에서 갑자기 222로 껑충 뛰었기

에 숫자 고르기는 어려웠다. 암흑수에서 고른다고 해도 24개나 됨으로써 가능성이 절반이어서 큰 의미도 없었다. 다만 중심수인 23 이후에서 4~5개가 나온다고 보면 24, 25, 26, 28, 30, 31, 36, 38, 39, 40, 41, 44가 산출된다. 이 가운데 26, 30, 38, 39, 40의 5개가 포함됐다. 어려울 때 연속수가 등장한다는 변칙도 통했다.

또 다른 변칙이라면 전전전회의 음양수와 거울수에서 오히려 번호가 올라온 점이다. 음양수에서 도출된 6-38-40이 거울수에서 6-39-40으로 올라왔다.

한국 로또
142억원
2013년 2월23일
(534회)

161

(6+1) | 45방식 | 경계수 138(161) | 중심수 23

음양수							음양수 합
10	24	26	29	32	37	38	199
9	14	15	17	23	31	33	172
3	16	17	23	24	29	44	189
1	5	9	21	27	35	45	173
16	22	23	27	29	33	41	191

대칭 등장 후 암흑수도 안 통하던 조합

거시분석
경계수 85~201 사이 흔들리던 때

바로 전회에 대칭이 발생함으로써 어려운 모양을 연출했다. 전회에서 15-23-31의 3개 숫자가 음양수와 거울수에 모두 등장, 이후 차수에 어려운 모양이 등장하리라는 것을 짐작하게 했다. 대칭 때문에 암흑수는 26개나 됨으로써 오히려 의미가 없어졌다.

특히 약 5개월 전인 2012년 9월22일에는 경계수 85가 등장함으로써 이후 계속 190이 넘는 경계수와 140 이하의 경계수가 자주 나타남에 따라 당시에는 다소 어지러운 상황이었다. 이보다 5주 전에는 201도 등장했다.

다만 5회를 기준으로 볼 때 경계수가 156을 중심으로 대칭의 모양새를 나타냈다. 경계수가 190 부근이 될 수 있음을 짐작하게 한다. 균형수도 전전회의 크기로 간다면 140 부근이 될 것임을 짐작할 수 있다. 다만 중심수인 23보다 큰 수는 4, 5개가 나올 수 있음을 염

거울수

8	9	14	17	20	22	36
13	(15)	(23)	29	(31)	32	37
2	17	22	23	29	30	43
1	11	19	25	37	41	45
5	13	17	19	23	24	30

균형수열과 균형수

13	-1	-3	-6	-9	-14	-15	129
14	9	8	6	0	-8	-10	117
20	7	6	0	-1	-6	-21	129
22	18	14	2	-4	-12	-22	195
7	1	0	-4	-6	-10	-18	99

두에 둬야 한다. 이전에 5-4-3-3개로 계속 줄어듦으로써 이보다 많아질 수 있다고 여겨지기 때문이다.

미시분석
음양수, 거울수, 암흑수 모두 안 통한 조합

가까운 회차에서 대칭이 등장한 건 암흑수의 세상이 왔다는 얘기와 같다. 실제로 지난 4회차 때는 당첨번호로 올라간 숫자가 절반에도 못 미칠 정도로 음양수와 거울수가 아무 소용이 없었다. 이처럼 어려운 흐름이 나타나면 사실 쉬면 그만이다. 목숨 걸고 하는 로또도 아니고 로또를 사지 않는다고 세상이 바뀌는 것도 아니기 때문이다.

중심수보다 큰 수가 4~5개라면 20대 번호 2~3개에 30대 번호 2~3개 및 40대 번호 1개 정도를 짐작할 수 있다. 실제로는 20대 후반 숫자에서 3개, 30대 후반 숫자에서 3개가 각각 등장함으로써 균형수 140 부근을 맞췄다. 음양수와 거울수에 대칭수가 등장하면 보통 암흑수에서 많이 올라오는 경향이 있지만 이때는 예외였다.

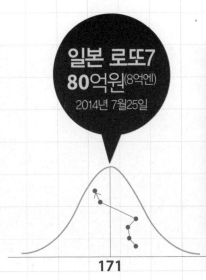

일본 로또7
80억원(8억엔)
2014년 7월 25일

171

(7+2) |37방식 | 경계수 88(171) | 중심수 19

음양수									음양수 합
2	7	12	13	15	23	24	34	35	165
6	7	11	15	17	18	25	33	35	167
1	3	11	20	25	28	31	33	37	189
4	7	12	22	23	24	25	28	34	179
4	15	16	17	19	20	26	29	36	182
4	8	12	19	24	28	30	32	37	194

전전전회에서
번호가 올라오다

거시분석
<u>(경계수 160 부근, 균형수 180 부근, 큰 수 4개 정도)</u>

1월 24일 경계수 171이 등장한 뒤 3월 21일 117, 5월 2일 235로 흔들림이 컸다. 이후 6월 6일 다시 170을 만든 뒤 안정세를 찾는 모습을 보였다. 경계수 235와 117은 지난해 4월 5일 1회 이후 거의 1년 만에 각각 최저, 최고를 기록한 수치다. 2회에 250, 3회에 116을 찍은 바 있다.

6월 20일 이후 경계수는 4주 연속 171보다 크다가 7월 18일에 167로 작아졌다. 따라서 7월 25일에도 작은 쪽이 될 것으로 보였다. 다만 가까운 과거에 나온 경계수가 모두 171과 비교하여 크지 않은 만큼 160 부근에서 형성될 것임을 짐작하게 해 준다.

균형수를 보면 6월 20일 이후 187-127-161-213-161로 매우 크게 움직였음을 알 수 있다. 특히 213뿐만 아니라 전회에서도 중심수 19보다 큰 숫자가 무려 6개나 나옴으로써 당분

거울수									균형수열과 균형수									
3	4	14	15	23	25	26	31	36	17	12	7	6	4	-4	-5	-15	-16	183
3	5	13	20	21	23	27	31	32	13	12	8	4	2	1	-6	-14	-16	163
1	5	7	10	13	18	27	35	37	18	16	8	-1	-6	-9	-12	-14	-18	215
4	10	13	14	15	16	26	31	34	15	12	7	-3	-4	-5	-6	-9	-15	163
2	9	12	18	19	21	22	23	34	15	4	3	2	0	-1	-7	-10	-17	129
1	6	8	10	14	19	26	30	34	15	11	7	0	-5	-9	-11	-13	-18	189

간 중심수보다 큰 수가 3, 4개로 적어질 것으로 보였다. 따라서 균형수는 170~180 사이에서 형성될 것으로 짐작할 수 있다.

미시분석
(중심수 19 좌우로 10대 후반과 20대 초반 번호)

전회 및 전전회를 분석해 보면 음양수에서 3개, 거울수에서 4개 및 숫자 역전 1개가 각각 등장했다. 그러나 최근 당첨번호가 없었다는 얘기는 암흑수처럼 보이지 않는 곳에 숨어 있는 '채우는 수'가 등장할 수 있는 근거가 된다. 음양수와 거울수를 분석해 보면 2개 이상 등장한 힘 있는 수는 1, 3, 5, 11, 13, 18, 20, 25,

27, 31, 33, 35, 37이 된다. 이 수의 중간에 숨어 있는 수로는 2, 4, 12, 19, 26, 32, 34, 36이 된다. 역시 어렵다.

그러나 그동안 몇 차례에 걸쳐 연속수나 암흑수가 등장할 정도로 잘 보이지 않을 때라면 '전전전회의 변칙'을 생각해 볼 수 있다.

묘하게 전전전회의 음양수와 거울수에서 2와 35를 제외하고 모두 등장했다. 중심수 19보다 큰 수가 4개 정도라고 보면 20대 숫자에서 2개, 30대 숫자에서 2개를 짐작할 수 있다. 19 앞 번호대에서는 균형수를 맞추기 위해 10대 번호 중·후반이 2, 3개가 필요하다는 사실을 짐작할 수 있다.

일본
미니로또
4억원(4000만엔)
2014년 4월29일

96

(5+1) | 31방식 | 경계수 80(96) | 중심수 16

음양수						음양수 합
16	19	20	22	26	31	134
1	2	7	10	11	16	47
3	5	8	12	14	18	60
2	3	8	10	29	31	83
7	14	16	17	21	31	106

균형수와 경계수에서 방향이 보이다

거시분석

(경계수 120 이상 쪽 방향으로 형성)

3주 연속 경계수가 83-60-47로 계속 벌어지고 멀어져서 반작용이 등장할 때가 되었다. 경계수 96보다 훨씬 큰 쪽의 방향으로 꺾을 수 있었다. 결국 134로 방향을 바꿨다. 다만 균형수열은 경계수 140에서 78~96의 중간 값으로 맞춰 가고 있음을 알 수 있다.

이 지표를 보면 경계수는 최소한 120으로 갈 수 있고 균형수열은 90 부근에서 형성될 것임을 알 수 있다. 경계수가 커지려면 20 이상의 숫자가 등장할 것임을 알 수 있다. 실제로는 경계수 134, 균형수 94로 나왔다.

※**추첨일** 매주 월요일　※**특징** 올해 가장 많은 당첨금(2명)

거울수						균형수열과 균형수						
1	6	10	12	13	16	-1	-4	-5	-7	-11	-16	94
16	21	22	25	30	31	14	13	8	5	4	-1	96
14	18	20	24	27	29	12	10	7	3	1	-3	78
1	3	22	24	29	30	13	12	7	5	-14	-16	140
1	11	15	16	18	25	8	1	-1	-2	-6	-16	74

미시분석
<u>(거울수에서 중심수보다 큰 수로 조합)</u>

전주의 조합(1-2-7-10-11-16)에서 음양수와 거울수의 활동이 제자리로 돌아왔음을 알 수 있었다. 그리고 지나치게 6개 숫자 모두 앞자리 숫자, 즉 중심수보다 작은 숫자로 돼 있음을 알았다.

중심수보다 작은 수 조합은 2주 연속이었다. 따라서 중심수보다 큰 숫자가 4, 5개 나올 가능성이 높아졌다고 볼 수 있다.

이 경우는 읽기가 편하다. 전회 및 전전회의 거울수가 대부분 중심수보다 높은 숫자로 돼 있기 때문이다. 따라서 음양수보다 거울수에서 선택하는 편이 바람직하다.

실제로 당첨번호의 조합은 16보다 큰 숫자로만 만들어졌고, 16-20-22-31이 거울수에서 올라왔다. 그리고 경계수가 높으려면 단수에 5 이상의 수가 들어가는 편이 좋다. 6이 들어간 숫자 16-26이 있었고, 9가 들어간 19도 있었다.

미니로또는 숫자가 31까지밖에 없어서 10단위와 20단위 숫자가 주인공이다. 그동안 20단위 숫자가 3주 연속 홀대받다가 터진 셈이다.

03
난수의 무작위성과 패턴에
관한 몇 가지 견해

송경모 뿌브아르경제연구소장/경제학박사

우연(chance)**으로 일어나는 것처럼 보이는 사건들은 과연 무작위**(random)**인가?**

세상에 일어나는 수많은 사건은 얼핏 랜덤(random)해 보인다. 랜덤은 우리말로 '무작위'
또는 '임의'로 번역되고, 랜덤하게 발생하는 수는 난수(random number)라고 불린다.

주사위나 동전을 던질 때 어떤 숫자가 나올 것인가는 미리 알 수 없으며, 다만 확률로만
알 수 있을 뿐이라고 말한다. 예를 들면 1, 2, 3, 4, 5, 6의 주사위 수들 가운데 하나가 6
분의 1의 확률을 보이거나 동전의 앞면 또는 뒷면이 2분의 1의 확률로 발생한다는 식이
다. 그래서 난수, 즉 무작위로 발생하는 수의 목록을 만들 때에는 동전이나 주사위를 던
지는 방법을 흔히 취한다. 또는 속이 보이지 않는 항아리에서 숫자가 적힌 구슬을 뒤섞
은 다음에 뽑아내는 방식을 취한다. 20세기 전반의 컴퓨터 개발 이후에는 사람이 주사
위나 동전을 반복해서 던지는 수고 대신에 특정의 대수 계산(algebraic calculation) 방식에
의거한 난수 생성기(random number generator)를 이용하게 되었다. 그런데 이 난수 생성기
가 발생시키는 숫자들이 정말로 난수인가에 관해서는 의문의 여지가 있다.

왜냐하면 하나의 수가 정해지면 그로부터 다음의 수를 생성시키는 일정한 규칙이 배후
에 존재하기 때문이다. 다만 그런 절차를 거쳐 생성된 수열을 결과로만 놓고 보면 외견
상 난수인 것처럼 보인다.컴퓨터 과학 분야의 고전인 도널드 커누스(Donald E. Knuth) 미국
스탠퍼드대 교수의 '컴퓨터 프로그래밍의 아트(The Art of Computer Programming)'에서는
컴퓨터가 발생시키는 난수가 진정한 난수가 아니라 난수처럼 보일(random-like)뿐임을 재
삼 강조한다. 본질 상 이들은 유사난수(pseudo random numbers) 또는 준난수(quasirandom
numbers)에 불과하다.(Knuth, 1998, p.4)컴퓨터가 생성하는 난수는 어떤 면에서 보면 결정

론(deterministic)성이다. 왜냐하면 모든 난수 생성 메커니즘 아래에서는 하나의 수 으로부터 다음 차례의 수 이 유일하게 결정되기 때문이다.

존 폰 노이만(John von Neumann)이 제시한 초창기 난수 생성 방법도 결정론의 특성에서 벗어나지 못한다. 그의 방법은 임의의 n자리 초기 값을 아무 것이나 정해 놓고 그 수를 제곱한 뒤 가장 중앙에 위치한 n자리의 수를 다음 차례의 난수로 뽑아내며, 이렇게 생성된 수를 바탕으로 다음 차례의 수를 반복 생성해 가는 방식이다. 널리 알려진 난수 생성기 가운데 하나인 선형합동생성기(LCG; linear congruential generator)도 결정론의 특성을 벗어나지 못한다. LCG는 나눔수, 곱함수, 더함 수, 초기값 을 미리 정하고 나서 다음 차례의 난수를 아래와 같이 결정하는 방식을 말한다.

여기에서 연산자 mod는 를 m으로 나눈 나머지를 반환하는 역할을 한다.

이 과정을 반복 수행하여 유사난수열 을 생성한다. 이렇게 생성된 유사난수열은 초기 값, 파라미터(매개변수) m, a, c와 연산 규칙을 알고 있는 한 결정론 성격이지만 그 규칙을 모르는 상태에서 결과의 수열만 놓고 보면 마치 난수인 것처럼 보인다. 이렇듯 난수 생성기 자체가 결정론 특성을 띠고 있기 때문에 경우에 따라서는 일정한 패턴이 반복되는 수열이 생성되거나, 심지어 하나의 값으로 수렴하는 현상이 발생하기까지 한다.

그래서 어떤 난수 생성기이든 통계 방식으로 유의한 수준의 무작위성 검정(randomness test)을 통과하는 것이 중요한 과제가 된다. 그래야만 적어도 그것이 본질에서는 결정론 성격이라 해도 최소한 표면상으로는 잘 생성된 난수로 간주되는 것이며, 이런 요건을 만족시키기 위한 다양한 난수생성기(앞의 책, pp.10-40), 충족되어야 할 무작위성의 정도와 그 검정 기준(앞의 책, pp.41-179)들이 개발되어 있다.

한편, 마치 난수처럼 보이는 수열에서 종종 패턴이 발견되는 경우도 있다. 이것만 해내도 마치 비밀의 일단이 보이는 것 같다. 그러나 그 발생 메커니즘을 역으로 추적해 가는 것은 매우 어려운 일이다.원주율을 예로 들어 보자.

원주율에서 소수점 이하로 펼쳐지는 숫자들을 임의로 떼어 내 누군가에게 보여 준다면 그는 적어도 그것이 원주율이라는 사실을 전해 듣기 전까지는 이 수열이 난수처럼 보일 것이다. 이 어지럽게 널려 있는 숫자들이 사실은 원주율의 소수점 이하 자리 것들이라는 사실을 전해 듣고, 또 원주율을 계산하는 절차를 확인한다면 그는 이 숫자들을 더 이상 난수라고 간주하지 않을 것이다.원주율의 계산 절차와는 별도로 원주율의 숫자들이 전개되는 방식에서 놀라울 정도의 패턴을 발견해 낸 수학자들도 있다. 늦어도 1965년 이전에 매트릭스(I. J. Matrix) 박사는 26, 79, 32, 38 같은 두 개의 숫자 조합이 원주율에서 일정한 구간을 두고 반복 등장한다는 사실을 지적하기도 했다.

예컨대 다음과 같은 것이다.(앞의 책 p.41에서 참고) 3.14159 26 53589 79 32 38 46 26 43 38 32 79 50물론 이런 반복성이 어떤 예측 가능할 정도의 규칙을 말해 주는 것은 아니지만 원주율에서 외관에 나타난 수열 자체를 난수라고 보기 어려울 수 있다는 하나의 반증이 된다. 수학자나 통계학자 또는 경제학자들은 난수열 안에서 숫자가 등장하는 패턴, 즉 일말의 반복성이나 규칙성을 찾아내는 일보다 그런 숫자들이 구성하는 확률 분포 자체에 주로 관심이 있다. 사실 우리는 부족하나마 확률 분포를 아는 것만으로도 확률 분포 자체를 아예 모르는 경우에 비하여 훨씬 많은 지식을 보유하고 있는 셈이다.

비록 불완전한 지식이라 해도 이를 유용하게 활용하느냐 못 하느냐는 것은 예측가의 판단력에 달려 있다.

경제학자 프랭크 나이트(Frank H. Knight, 1885~1972)는 이미 오래 전에 위험(risk)과 불확실성(uncertainty)을 구분해야 한다고 주장했다. 그는 어떤 사건이 일어날지에 관해서는 알지 못하지만 그 확률 분포를 아는 경우를 '위험', 확률분포 자체를 모르는 경우를 '불확실성'이라고 불렀다. 이런 의미에서 소정의 알려진 확률 분포를 가정하고 경제의 사건들을 분석하는 것을 최근에는 위험관리(risk management)라고 부른다.

금융위험관리(financial risk management)는 이를 대표하는 분야다. 금융위험관리 기법을 응용하는 금융공학(financial engineering)은 주가 수익률이 로그정규분포를 따른다는 가정 아래 포트폴리오 배분 전략을 수립한다. 그러나 이 특정의 확률 분포는 사실 과거의 통계 자료로부터 정규성 검정을 통과한 상태에서 단지 지금에도 통용되리라고 가정했을 뿐 실제로 주가 수익률이 특정 시점에 어떤 분포를 따를지에 관해서는 대부분의 분석가들이 심각한 지식 부족 상태에 직면해 있다. 설령 확률 분포를 정확히 안다 해도 그 사실만으로 막상 그 지식을 어떤 경제 사건의 예측에 활용하는 데에는 제약이 많다. 경제 사건은 그 어느 것도 반복성 독립 시행의 조건을 만족시키지 못하는 데다 특정 시점에 발생하는 경제 사건은 과거에 발생한 사건의 역사에 종속되어 있기 때문이다. 아무리 풍부한 지식을 쌓은 분석가도 지금의 경제 사건에 영향을 미치는 과거의 사건들을 속속들이 파악하고 있지 못한다.

설령 분석가가 베이지언(Bayesian) 방식으로 정보를 갱신해 간다 하더라도 지식의 제약은 여전하다. 이런 의미에서 특정의 확률 분포가 항상 적용된다는 전제 아래 위험 관리를 하는 작업, 예컨대 VaR(Value at Risk)에 의거한 포트폴리오 관리는 더욱 무력해진다.

우리는 2007년 이후 전 세계를 강타한 서브프라임 모기지(subprime mortgage) 금융 위기에서 전통의 금융위험관리 기법을 기계처럼 적용하는 것이 얼마나 위험한 일인가를 생생하게 경험하기도 했다. 나심 탈레브(Nassim N. Taleb)는 검은 백조(black swan)라는 개념으로 그런 맹신이 얼마나 위험한가를 비판하기도 했다. 이처럼 어떤 알려진 확률 분포에 의거한 불확실성 분석은 나름대로 유용성이 있지만 이를 맹신한 채 실제 행동에서 기계처럼 적용하게 되면 자칫 큰 화를 불러올 수 있다.

학자들은 확률 분포를 단지 지식의 영역에서 탐구하는 데에서 그치는 반면에 도박사들은 이에 의거하여 행동을 해야 하기 때문이다. 즉 도박사는 어떻게든 의사결정을 하고 이를 실천에 옮겨야 하고, 이는 궁극으로 금전상의 이익 또는 손실로 귀결되기 때문이다. 도박사조차 실제로 다음의 사건이 어떻게 나올지는 예측할 수 없지만 여러 가능한 대안 가운데 발생 가능성, 즉 확률이 높은 사건에 대한 믿음(belief)을 형성하고 의사를 결정한다.

이런 믿음은 이론에 의거한 치밀한 계산은 물론 과거의 경험과 직감을 통한 판단을 교정함으로써 이루어진다. 규칙이 복잡한 실제의 도박은 제쳐 두고 우선 가장 단순한 게임, 예를 들어 주사위 2개를 동시에 던져서 그 합을 예측하는 사건을 생각해 보자.

이 게임에서는 그 합이 2라든가 12라고 예측하기보다는 6, 7 또는 8일 것이라고 예측하는 것이 승산이 높다. 왜냐하면 나올 수 있는 모든 사건은 가장 작은 2(=1+1)부터 가장 큰 12(6+6)까지 모두 11가지인데 각 사건의 논리상 확률은 다음처럼 중앙에 위치한 6, 7 또는 8의 사건 발생 확률이 가장 높기 때문이다. 사건: 2, 3, 4, 5, 6, 7, 8, 9, 10, 11, 12 각 사건의 확률: 1/36, 1/18, 1/12, 1/9, 5/36, 1/6, 5/36, 1/9, 1/12, 1/18, 1/36

주사위 던지기의 결과는 과연 무작위인가?

컴퓨터가 생성한 난수는 그 메커니즘 상 결정론을 따르기 때문에 진정한 난수가 아니라 유사난수 내지 준난수라는 사실은 명백하다. 그렇다면 컴퓨터 대신 공정하게 제작된 동전이나 주사위를 던져서 나온 숫자들은 진정한 난수인가? 저명한 수리통계학자인 페테르 올로프손(Peter Olofsson)은 이 점에 관해서도 의문을 제기할 수 있다고 보았다.

결정론 관점에서 보면 동전 던지기조차 사실은 원리상 그 결과를 예측할 수 있는 면이 있다. 다만 사람이 그 과정을 지배하는 제반 정보와 메커니즘에 관하여 무지할 뿐이다. 그는 이런 가능성을 프로 마술사이자 수학자이기도 한 퍼시 디아코니스(Persi Diaconis)의 동전 던지기에 대한 견해를 통해 제기하고 있다.(Oloffson, 2010, pp.261) 그에 따르면 동전을 던지는 높이와 처음에 던지는 각도 및 속력에 따라 땅에 떨어질 때까지의 회전수가 결정되고, 떨어지는 순간의 동전 위치도 따라서 결정되므로 무수한 연습으로 어느 정도 의도한 결과를 얻을 수 있다는 것이다.

그러나 처음 던지는 높이와 각도 및 속도의 미세한 변화를 사람이 통제하기가 거의 불가능하기 때문에 그 결과를 미리 아는 것은 사실상 불가능하다. 즉 초기 조건의 미세한 변화가 예측할 수 없는 큰 변화로 이어지는 카오스 특성이 이 단순한 현상에도 잠재해 있는 것이다.그러나 동전 던지기라는 단순한 조작이 아니라 좀 더 복잡한 주사위 던지기 또는 카드 섞기로 가면 이 무지의 정도가 훨씬 높아진다. 따라서 사람의 조작으로 그 결과를 통제한다는 것이 거의 불가능에 가깝게 된다.

확률 사건을 예측할 때 개입하는 심리 편향성

대부분의 학자들은 확률 분포 지식만을 확실한 지식으로 간주하고 그 밖의 예측 가능한 패턴의 존재를 부인하는 경향이 있다. 반면에 개인들은 어떤 형태로든 예측 가능한 패턴을 찾으려고 노력해 왔다. 예를 들어 많은 개인이 주식 가격이나 로또 숫자 예측을 시도해 왔다. 하지만 이런 시도들은 적어도 확률과 통계의 이론을 벗어나는 한 근본부터 무용하다는 것이 경제학자들의 생각이다. 주류 경제학자들은 통계상으로 유의한 추정 구간의 형태로만 제시된 예측을 인정할 뿐이다. 반면에 심리학을 배경으로 하는 실험 경제학자들은 약간 다른 각도에서 사람의 믿음이 편향성을 띠고 형성되는 데에서 이런 오류의 근원을 찾는다. 이하 클라우스 요르겐센(Claus B. Jørgensen), 시그리드 수탕(Sigrid

Suetens), 장로베르 티랑(Jean-Robert Tiran)이 2011년에 소개한 그러한 심리 편향성의 내용을 소개해 본다. 사람들이 로또 숫자를 기입할 때 최근에 자주 등장한 숫자들이 이번에도 계속 등장할지 아닐지에 대하여 사람들은 나름대로 예측을 한다.

이때 개입하는 심리 오류의 첫 번째는 이른바 도박사의 오류(gambler's fallacy)다. 이는 도박사들이 소수의 법칙(law of small numbers)을 맹신한 데에 따른 것이다. 대수의 법칙(law of large numbers)에 대응하는 개념으로서 소수의 법칙은 심리학자 아모스 트베르스키(Amos Tversky)와 노벨경제학상을 받은 다니엘 카네만(Daniel Kahneman)이 주장한 내용이다.

동전 던지기를 할 때 어떤 면이 나올지에 대해 예측할 때 사람들의 심리에는 소수의 법칙이 작용한다. 동전 던지기를 무수히 반복해 보면 상식선상의 예상과 달리 양면이 골고루 섞여서 나오기보다는 의외로 같은 면이 연이어서 나오는 현상이 관찰된다.

그리고 단지 시도를 몇 번 하다 보면 마치 이번에 앞면이 한두 번 나왔으니 다음에는 뒷면이 나올 때가 되었다고 막연히 기대하게 된다. 하지만 과거의 특정 기간에 수집한 소표본은 결코 진실한 확률 분포를 우리에게 알려주지 못한다. 사람들은 이런 소표본에 국한한 관찰로부터 어떤 패턴을 찾았다고 착각하기 쉽다. 하지만 충분한 규모의 대표본으로 확대되면 소표본에서는 마치 특수한 패턴처럼 보이던 현상들이 더 이상 패턴이 아니게 된다는 것이 경제학자들의 생각이다. 두 번째의 심리 편향성은 불붙은 타자의 오류(hot hand fallacy)다.

불붙은 타자 현상이란 예컨대 야구에서 최근 몇 타석에서 안타를 기록한 타자가 계속해서 이번 타석에서도 계속 기세를 몰아 안타를 쳐 낼 것으로 기대하는 심리다. 이는 과거 성공한 실적에 대한 맹신의 오류다. 어떤 사람이 어떤 일에서 한 번 큰 성공을 거두면 계속해서 성공을 거둘 것이라고 믿는 현상도 여기에 속한다. 불붙은 타자의 오류는 소수의 법칙과 전혀 다른 방향에서 이루어진다. 동전 던지기에서 앞면이 연달아 나오면 이번에도 앞면이 나올 것이라고 믿는 심리다. 흔히 운동 경기에서 지금까지 성적이 우수하던 선수나 팀이 계속 좋은 성적을 내리라고 기대하고 그에게 높은 판돈을 거는 심리가 이것이다. 2014년 월드컵에서 우승 후보로 스페인에 높은 돈을 건 사람들도 이런 심리에 빠졌다. 언제 어디서나 그렇듯이 이변은 일상의 일이고, 이런 기대는 자주 깨지는 것이 통계학의 기본 원리이다. 나름대로 과거의 데이터를 이용해 주가나 환율 변동의 패턴을 찾았다고 주장하는 많은 전문가가 실제 투자로 들어가고 난 뒤 그 패턴이 들어맞지 않아서 낭패를 보는 경우가 많다. 이는 바로 이런 확률 현상을 대하는 인간의 심리 오류 때문에 발생한다. 설령 그것이 정교한 예측 통계 모형으로 구성되었다 해도 이런 오류에서 벗어나기 어렵다.

맺음말: 아무리 부족한 지식이라도 그걸 사용하는 사람에 따라
전혀 다른 결과를 낳을 수 있다

이렇듯 어떤 사건을 예측할 때 심리 편향성이 존재하는 것은 부인할 수 없는 사실이다. 고전 통계학이 제공하는 확률 예측의 원리는 적어도 그 논리 체계 안에서는 다 옳다. 그리고 인간의 지식이 감히 헤아리기 어려운 한없이 복잡한 요소들이 작용하는 사건에서 과연 어떤 결과가 발생할지 예측하는 일은 실제로 매우 어려운지 모른다.

그러나 지식이 부족하다는 사실이 지식이 전혀 없다는 것을 의미하는 것은 아니다. 과거의 경험을 통해 사건의 인과 관계와 발생 패턴에 대해 지극히 부족한 지식을 갖추고 있을 뿐이라 하더라도 지금 당장 이로부터 유용한 의사결정을 할 수 있느냐 없느냐는 오로지 행동하는 사람 본인의 지혜에 달려 있다.

Lotto & Secret

〈참고문헌〉 Claus Bjørn Jørgensen, Sigrid Suetens, and Jean-Robert Tyran, "Predicting Lotto Numbers", Discussion Papers, No. 11-10, March 2011, University of Copenhagen. Donald E. Knuth, The Art of Computer Programming: Volume2 Seminumerical Algorithms, 3ed ed., Addison Wesley, 1998.Peter Olofsson, Probabilities: the Little Numbers That Rule Our Lives, Wiley, 2010.송경모, "경제예측과 미래 컴퓨터의 역할", 테크앤비욘드(월간), 2014.9.6.

Lotto & Secret